JN411818

그림자놀이 하던 날은 가고

그림자놀이 하던 날은 가고

창비

차
례

제1부

제2부

제3부

제4부

제5부

제 1 부

모란이, 그날처럼

나 나기 전
우리 부모도 나기 전
우리 조부모도 나기 전
모란이 오늘처럼 피었을 거고
모란꽃 이파리 그늘진 데 웅덩이가 하나 패었을 거고
개미들이 이사를 가다 웅덩이를 만나 갈팡질팡할 적에
나랑 같은 성을 쓰는 누군가가
지금의 나처럼
나뭇가지를 놓아서 웅덩이 위에 다리를 놓았을 거고
그때 그 은덕으로 내가 오늘 여기 와서
만발한 모란꽃 보며 향기를 흠향하는 거고

나나
우리 부모나
우리 조부모나
모두 있어도 좋고 없어도 좋게 모란이 피었고
모란꽃 이파리를 쓸며 바람은 불고
향기를 흩으며 바람은 불어가고
오늘 내가 여기 없어도

내일 내가 여기 있어도
모란은 필 테고
벌 나비는 날아다닐 테고

옴팡골

또 송홧가루 날리고
뻐꾸기는 운다

거기에 산 적 없다
살았었다는 말만 들었다

느 아버이하구 느 큰아버이들이 다 거기서 났어
산이 지프니께 사람들이 하나둘 다 일루 내려왔지

울도 담도 없이
뙤똥하니 본채만 하나 있던 집이라고 한다
새벽이면 무엇이 내려와서
닭이며 토끼를 채 가던 집이라고 한다

내 고조할머니이거나
내 증조할아버지 되시는 분들이 살던 데라고 한다

이상하다 이상하다
한번도 가본 적이 없는데

패랭이꽃처럼 생생하다

그 집
샘가에 돋은 이끼까지
두레박으로 퍼붓던 물소리까지
물소리에 섞여 들리던 뻐꾸기 울음까지

산밑 집

갓 지은 밥 한그릇에
고들빼기김치 계란찜 간장 한종지가 전부였다

뜸을 더 들였어야 하는데
급해서 밥이 설었다고 했다

뜸부기 알을 안고 온 이를 따라온
어미 뜸부기가 밤새 문밖에서 울었다

밥이나 먹고 가라는 걸 뒤로하고 나왔다
둥둥 걷은 손에서 물이 뚝뚝 떨어졌다

아무리 그래두 기왕 차린 밥상인데……

산밑이라 조팝꽃이 울타리 안까지 들어온 집이었다
밥이라도 먹고 올 걸 그랬다

옴팡골에 산밑 집에

산밑 집 아이는 아궁이 속 불하고 논다

아이가
부지깽이로 불을 다독이자
이내 순하고 착하게 한가득
아궁이에 들어앉는 불
아이 손에 길든 불덩이가
복사꽃 만발한 과수원이 되었다가
솟구쳐 불타는 한마리 새가 되었다가
태양 마차를 끌고 가는 불덩어리 말들이 되었다가
다시 다독이자
까뭇까뭇 별이 돋은 밤하늘이 된다

쩌르렁,
솥뚜껑을 열고
쇠죽을 그득 퍼 담아 구유에 부어주고
산밑 집 아이는
맨발로 불덩이 위를 걸어 나가
몸을 구부리고 크나큰 새가 된다

저 꽃밭

내 하나 사람으로 태어나
죽어도 죽은 줄 모르고
살아도 산 줄을 몰라
꾸벅이며 졸다
머리를 쥐어뜯고
어미 아비야 생각도 나잖으나
나 세상에 태이던 적에
꽃밭이 있어
빨강 하양 노랑 꽃을
꺾던 손이 날 이쪽으로
밀어냈나벼

내 하나 사람으로
꽃밭 찾아가며
삭삭기 셰몰애 별헤*
구즌비는 무스 일고**
담배를 비벼 끄고
저린 발 질질 끌며
가도 가도 끝없는 행로(行路)

해도 해도 가없는 노역(勞役)
제도도 문자도 없는
꽃밭 가며
몸일랑 여기 두고
찬찬히 저 꽃밭으로 가며

*「정석가」.
** 허난설헌 「규원가」.

그래도 저 꽃밭

남 다 사는 세상을 마다하고
저 꽃밭이 부러워서
노상 눈물지으며 다니기도 했네마는
넘성대며 기웃대며
저 꽃밭을 넘본 죄로
이리 원통하고 비통하게 살면서
울어 울어 만년주야
저 색색깔 넘노는 꽃밭이야
꽃밭을 넘나드는 나비야 질나라비야
그래도 저 꽃밭이 노엽더냐
남나비야 최메추리야 변고양이야
저 꽃밭이 붙들더냐
긴 소리 짧은 소리 외마디 소리로 운다 한들
저 꽃밭이 한 터럭 굴신이나 하더냐
한 손에 칼 들고 한 손에 방울 들고
저 꽃밭에 가려 해도
차마 범접도 못할 저 꽃밭을
엿보기만 하면서
비켜 가면서

울고만 다닌단다

붉은 실

양 무릎에 실타래를 끼고 앉아
할머니는 실패를 돌려가며 실을 감았다
끊어질 듯 이어지는 할머니의 노래를 들으며
나는 아랫목에서 잠이 들고
노래도 끝이 없이 이어져
실패에 둥글게 감겼다
그냥 감으면 실이 엉킨다고
할머니는 위아래로 어슷어슷 실을 감아놓았다

노래는 다시 이어지고
실 감기도 끝날 줄 모르고
밖에선 여름꽃들이 화사하게 피었다가 졌다
향기 짙은 꽃을 피우며 가을이 왔고
할머니는 자리보전하고 누워
호랑지빠귀 울음소리를 냈다
아무것도 먹지 않고 며칠을 견디던 할머니는
하얗게 서리 온 날에 고치를 짓고 들어앉았다

할머니가 떠나고 어머니는

내 옷을 새로 지어야겠다고
시렁에 놓인 반짇고리를 내렸다
반짇고리에는 할머니가 감아놓고 간
색색 실꾸리가 가지런히 담겨 있고
할머니가 못다 감고 간 실타래와
붉은 꽃이 수놓인 골무
붉은 실을 꿰어놓은 바늘이 꽂혀 있었다

시인 한흑의 모(母)

내가 그애를 낳았죠. 가죽나무 그림자 시커먼 빈집 헛간에서 혼자 사금파리로 탯줄 가르고 얻어 온 옷가지로 피 닦고 젖을 물렸죠. 누구의 씨인 줄도 모르는 것을 이웃집 여편네가 버리려던 포대기 주워다 싸놓고 밥 빌러 나갔죠. 먹어야 젖이 나오고 젖을 먹어야 새끼가 사니. 사팔뜨기 집에서 보리쌀 얻고 앉은뱅이네서 김치 얻고. 소문난 판수 당달봉사 그러데요. 느 새끼가 시(時)가 좋아, 한가지 재주는 특출나게 타고났을 테니 잘 키워. 그애가 잘못되면 천벌을 받지. 암은, 천벌을 받아. 얻어 온 건건이에 얻어 온 밥 먹었지요. 희한하게도 젖이 잘 돌아 새끼는 보얗게 살이 오르며 잘 컸지요. 동네 여편네들 다 쫓아와 머리채를 쥐고 흔들다 패대기를 쳐도 독사같이 바랭이같이 대가리 쳐들고 살아나 밥 빌고 쌀 빌어 이놈 하나 키웠죠. 이놈만 아니었으면 벌써 여길 떴을 텐데. 이젠 이놈도 제 밥 빌어먹을 나이는 되니 이제 가야지요. 그러믄요. 저놈 사람 노릇 하는 거 보고 가렸더니 저잣거리 사당패나 따라다니며 저 지랄이네요. 그때 차라리 왱기 속에 폭 파묻어버리든지 엎어놓을걸. 기를 쓰고 살아나더니 내 속만 이렇게 바글바글 알겨먹지요.

그윽한 밤에

누가 내 집을 끌고 가는 건지
창문에도 감나무 그림자 비치고
이파리 사이사이로
달빛이 금가루처럼 쏟아져 들어오는 밤으로
삐거덕 삐걱 수레바퀴 구르는 소리 속으로
송홧가루 난분분 날리는 이 속으로
우멍하고 이끼 낀 우물 속에서
스며 나오는 죽은 아이 같은
호랑지빠귀 울음 속으로

누가 내 집을 여기다 옮겨다놓은 건지
오동꽃 파다한 달 속으로
삐걱 삐거덕 흔들리며 가는데
누가 자꾸 여기서 그냥 같이 살자고
이팝꽃도 고봉으로 피워놓고
꾀꼬리 울음도 개울물 소리랑 잇대어놓고
살자고 살자고
여기서 그냥 살자고

그림자놀이 하던 날은 가고

1

아궁이의 불도 순하게 잠들었단다
우리가 먹이던 소는 벌써 끌려가고
화단에 피었던 꽃들이 검게 말라가는구나
이렇게 손을 어긋나게 하고 손가락을 걸어라

2

격자문 이쪽에서 저쪽으로 박쥐가 날아오르고
토끼는 뛰어다니고 개는 컹컹 짖어대네요
심지에 착하게 앉은 불은
꾸벅이며 졸고
엄마, 기름이 떨어지려나봐요
그것들이 벌써 문 앞까지 왔나봐요
불이 꺼지면 문을 열어젖히고 들이닥칠 텐데

3

이렇게 손을 펴면 박쥐가 되고 새가 되고
요렇게 깍지를 끼면 토끼가 된단다
심지의 불이 사그라들고 있어요

엄마 엄마, 들리세요?
사납게 문을 흔들어대는 소리
길게 짧게 번갈아 우리를 부르고 있어요
엄마 엄마, 흰 새를 타고 날아가세요

4
총소리 높은 곳에서
누군가 노래하고 있어요
이젠 문자 속에 갇혀버린 설운 엄마
쿰바야 my Lord 쿰바야*
포연이 자욱한 곳에서
누군가 울며 우리가 부르던 노래를 부르고 있어요
엄마를 슬프게 하려던 건 아니었어요
미안해요, 미안해요, 엄마
그림자놀이 하던 날들은 끝났어요

* 존 바에즈 「쿰바야」.

고양이는 괜찮아

그래
우리가 급하게 나오면서 두고 온
발끝에 신발 신은 것처럼 흰 털이 있던
고양이는 잘 지낼 거야

어쩔 수 없었잖아
피난을 가야 하는데
고양이까지 데려갈 수 없었다는 거
너도 잘 알잖아

고양이는 혼자서도 잘 사는걸
안 그래?
어릴 때부터 키웠던
아침마다 문 앞에 쥐를 잡아다두었던

고양이는 잘 지낼 거야
지금도 계속 쥐를 잡아다둘지도 몰라
문을 활짝 열어두었고
물과 먹을 걸 넉넉히 주고 왔잖아

아니야, 아니야
어젯밤 꿈에도 고양이를 봤는걸
내 꿈에 보이는 건 전부 죽은 것들뿐이야

해바라기씨 이야기*

해바라기씨를 심을 때
담 모퉁이 참새 눈 숨기고
누나와 바둑이와 고양이가
손과 앞발과 꼬리로 다진 거까지는
모두 다 아는 이야기야

해바라기 잎에 이슬이 내릴 때
햇빛이 다녀가고
청개구리가 울고 간 거까지도
우리가 다 아는 이야기야

사흘이 지나도
꽃 피지 않고
고개 숙이고 있던 거까지가
우리가 알고 있는 이야기야

책엔 거기까지밖에 안 나왔고
나는 갑자기 어른이 되고
해바라기도 자라서 키를 훌쩍 넘어버렸거든

그 뒷이야긴 나도 잘 몰라
어떻게 됐는지 잘 모르겠어

* 정지용「해바라기씨」변용.

제 2 부

찔레 덤불 속

온몸이 다 근지럽다
피가 나게 긁어도 가시지 않는 이 가려움을 어떡한다
머리끝에서 발끝까지 근질근질하다
너무 가려워
가시에 온몸을 비벼대며 히죽 웃는다
몸을 배배 꼬아봐도
이 근지러움은
어떻게
할
수
가

지니던 몸을 빠져나가서
한때 거죽이었던 내 몸을 쳐다보며
흰 꽃 그늘 밑
똬리를 틀고서 숨을 몰아쉰다
내 허물을 지닐 그 누군가를 생각하며
다시 또 어느 때 어느 곳으로 스밀지
골똘히 생각하기도 하는 것이다

*

흰 꽃잎 날아 내리는
찔레 덤불 그늘 속에서
나도 그도 누구도 아니었던
무언가가
기어
나
왔
다

나의 어린 신

1. 나의 두엔데는

그랬어요
말을 하니 사람인 줄 알고
배가 고프니 먹을 줄 알았지요
들에 나가 작은 풀꽃들 피어 점점이 흔들리는 거 보면
다리가 시큰해지도록 밭고랑이며 논둑을 걸어 다녔어요
짓이겨진 분홍이 뭉개진 하양이
개칠한 노랑이 죽죽 그어진 걸 보면
온몸에 신열이 났지요
저 저 저것,
또 뭐에 홀려서
밖으로만 나돈다고 성화를 부릴 때도
산제당 윈새끼 두른 단지들 틈에 쪼그려 앉아서
망울 부풀어 터지는 참꽃이나 쥐어뜯었지요
나를 바라보는 풀이며 나무며
눈 녹이던 바람이며 능선마다 솟아나던 구름 속에선
무언가 훌훌 날아다니다 내 뒤로 돌아가고요
찌르르르 등줄기를 타고 솟구쳐 오르기도 했지요

상여막 안에선 봉황과 용이 꿈틀대고요
자꾸 나를 꼬여내는 게 뭔지 모르겠는데
속을 쏘삭이면서 꿈틀대는 게
봉우리 뒤에서 얼핏 보이는 것들이
지금도 이런다니까요
자꾸 내게 이렇게

2. 정녕 나의 임

돼지 머릿고기에 우설에 편육에
몇동이 술을 거나하게 잡수시고 대취하여
어디 수양벚나무 그늘 밑이거나 이제 새순 돋는 들판에
큰대자로 누우셔서
드르렁드르렁 있는 대로 코를 골며 주무실 적에
나는 개미이거나
땡삐로 옷섶에 기어 들어가
죽은 듯이 웅크렸다가 그분이 허위허위 산을 몇개나 건너뛰어

타령인지 구음인지 모를 것을 내뱉으시며 흥에 겨워
옷자락 날리며 덩실덩실 춤도 추며 나붓나붓 발자국 디디며
또 어느 마을로 비이거나 구름이거나 이내로 스며 들어가시며
얼쑹덜쑹 이 산 저 산에 하양이나 연두나 노랑을 쏟으실 새
한섬 밥을 먹고 또 한동이 술을 드시고
산골짝 물 흐르는 데 발 담그고 주무실 적
살금살금 기어나와 그 술내이거나 잠꼬대나 노래 같은 것을
조각조각 떼어 물고 사방 천지 흩어지며 날아가며
온 산에다 물어 날라서

3. 차사도 할 말이 있다

그래, 먹을 게 무엇 무엇이 있더냐
커다란 소 한마리 잡아서 잘 저며 구워놓았구요
도야지를 세마리나 잡아서 편육을 만들어놓았습디다

무럭무럭 김 오르는 떡시루가 세개
향기로운 술도 몇동이나 걸러놓았구요
가마솥엔 뼈를 곤 국물이 끓고
구더기 같은 흰쌀밥에 곶감이 꿰미로 꿰어 있구요
산호 같은 사과에 진주 같은 배에
여기저기서 이것도 좀 드시고
이것도 좀 드셔보시라며 그득 술을 자꾸 따라주데요
한상 잘 받아서 함포고복토록 잘 먹었지요
술과 기름이 수염을 타고 내려서
앞섶이 다 젖도록 잘 얻어먹고 왔지요
그 먼 길을 덜덜 떨며 갔다가 이런 대접을 받으니
뭐, 그냥 돌아올 수밖에 없었지요
거기다 다리는 아프지요 오한도 나지요
고뿔이라도 걸릴세라 누비옷도 주지요
이 짓도 이제 이골이 나서
타박에 원망만 듣다가 이런 환대를 받으니 어쩝니까
대신 집 안에서 기르던 짐승을 잡아 왔습지요

4. 내 노래는

누렇게 익은 보리밭을 천 이랑 만 이랑 가르며
달려 나가서 논둑에 대가리 처박는 바람이라고 말할 수 있을까
미친 듯 눈에 불을 켜고 씩씩거리며
비틀비틀 달려 내려와서 아무한테나 찍자 붙다
그만 주저앉아 울음을 터뜨리는 바람이라고 쓸 수 있을까
종달새 둥지 속의 새끼들 떨어뜨리고
잘 익은 보리밭 분탕질 쳐 쓰러뜨리고
새까맣게 깜부기나 날리면서
어디 외진 진구렁 같은 데나 가 쭈그려 앉아
풀꽃에나 엉기어서
흔드는 바람이라고 할 수 있을까

보리 까끄라기를 찾으려 옷을 벗었지
아무리 찾아도 없는 까끄라기
옷을 입으면 또 등을 찌르는 그런 거
그게 내 노래이니

5. 누가 그 짐승을 죽였는가

훅훅 훈김이 나고 숨소리가 거칠다
쫓긴 짐승이 대가리를 돌려 이 속으로 기어들었다
저쪽 기슭을 들이받은 짐승이 방향을 틀어 이쪽으로 달려
든다
독 안에 든 쥐다 꽹과리를 치고 호적을 불어라
겁에 질린 짐승이 달린다 달린다 달린다
사방팔방으로 들이받다가
눈동자 희번덕이며 송곳니를 드러내고 울부짖는다
핏발 선 눈에 맹렬한 살기
막다른 길이다 계속 몰아붙여라
뚝, 나가떨어져 몰이꾼이 상했으니 어쩐다
몸을 일으켜 울부짖는 짐승
터럭 한올 한올 곤두선다
쇠도리깨를 차고 화승총을 든 포수들이 부싯돌을 튕긴다
타앙 탕 타아아아아앙
날아간 총알이 목덜미를 꿰뚫는다

거꾸러져 입이고 코고 피를 뿜는 짐승
사람들이 에워싼다
홉뜬 눈동자
감지 못하고 흘긴 눈으로 그 짐승은
보리라 보리라
저를 죽인 게 누구인지

6. 햇빛이 어루는

질컥한 흙을 밟으며 검은 개 앞세우고 가는 게 좋아
노랑 하양 풀꽃들 피어 흔들리는 거 보는 게 좋아
독새풀 파랗게 피어 흔들리는 논바닥 보는 게 좋아
돌돌돌 흘러내리는 개울물 소리 듣는 게 좋아
돌 밑에 아직 잠 덜 깬 가재를 깨우고
물오르는 복숭아나무 붉은 가지 꺾어
개구리 쫓아다니는 것도 좋아
아직 남은 눈밭에 발 쓱쓱 닦고
말라붙은 망개 열매 손에 비벼 씹으며 가면

복숭아밭을 비잉 돌아 솔수펑으로 가면서
소나무 아래 죽은 장끼
햇빛이 어루는 저 오방색 보는 게 좋아
그래 햇빛 털어내고 손을 뻗을 때
꿔어어어어엉 꺼꺼득
푸드드드득 날아오르는 것 보며
놀라도 좋아
하하하하 웃으며 좋아

7. 하늘을 나는 강*

피한다고 피하고
도망친다고 도망칠 수 있겠냐
눈을 벌겋게 뜨고 찾아댕길걸
되나가나 나부대지 말고
진득하니 쭝그리고 있으면
다 알아서 하실걸

내림이라 내림
내 운명을 진즉 안다는 듯
주워섬기는 여자의 말들이
산을 따라 아래로
아래로 쩌르렁 따라 내려왔다
고생고생 많이 했구나
말 안 해두 내 다 안다
다 알구말구
타고난 팔자를 어기니
사람이 어찌 팔자 도망을 하겄냐
오죽했겄냐

그려, 울어라 울어
너나 나나 다른 사람 살아주는 건 매일반이여
울어라 울어
속 시원히나 울어
같은 물이래두
눈물두 되구
깊으나 깊은 골짝 폭포두 되구

소나기두 되구
보슬비두 되구
홍수가 되구
수수만리 흐르는 크나큰 물두 되나니
울어라 더 울어

* 리오스 볼라도레스. 안데스산맥의 가파른 능선 위로 떠가는 구름들을 이르는 말.

도라지 꽃밭으로

아이들이 오고 있어요
아직 하양이나 보라로 색을 띠기 전의 연둣빛
꽃망울이 품고 온 세상을 풀어놓고 있어요
상기된 채 톡톡 꽃망울을 터뜨려요

아이들은 까르르 웃으며 몰려가고
꽃망울 속에서
흰빛 보랏빛이 번져 나오고 있어요

도라지 꽃망울이 지니고 온 색깔이 조금씩 풀어지고
밭을 갈던 아부지가 희미하게 웃으며
귀퉁이가 깨진 낮달을 파내 허공에 던져요

나는 아직도 연둣빛 속인데
실금이 간 꽃망울 속을 낮달이
기웃이 들여다보고 있어요

여기서 뭐가 돼서 나갈까
하양으로 나갈까

보라를 들고 나갈까
아니면 그냥 있을까
나는 궁리 중인데요

용암사 해돋이

밤새 무엇 무엇들이 웅크려 있던 법당 앞마당엔 바야흐로 어떤 기미가 있으매 뭐라 이름 붙이기도 뭣한 것들이 도사리고 앉았다가 여기저기로 뿔뿔이 몸 바꿔 달아나기 시작했다 소정리 저수지로 가풍리 저수지로 가라앉으며 숨은 것들이 더 멀리 장찬리 저수지며 개심리 저수지까지도 달아나고 더러는 호탄(虎灘)까지 날아가 물살에 숨죽이고 숨었다 장날 두부모 긋는 장사치처럼 생긴 미륵불은 이제 사람으로 내려와 요강을 뽀드득 소리가 나게 부셔서 사목재에 엎어놓은 채 바위로 돌아가고 사미승이 법당에 불을 켜고 향을 올리고 채 깨지 않은 꿈자리 같은 별빛들을 싹싹 산 아래로 쓸어버리자 물마다 웅크렸던 무엇들이 안개로 몸을 바꾸어 산을 넘어 굼실굼실 똬리를 풀며 넘어오기 시작했으매 동쪽 땅에서 밤새 닦고 조이고 기름 친 번질번질한 불덩어리가 꿈틀꿈틀 솟구쳐 오르니 납작 앞에 엎드려 부복하던 탑이 무너질락 말락 하는 것이었는데 미륵불이 가늘게 눈을 뜨며 뭔 놈의 불꽃이 이렇게 잉걸 같냐고 씨월거리자 탑은 다시 천년의 탑으로 부처는 다시 부처로 좌정하는 것이었으니 선잠 깨어 나온 나도 그만 어디 어디로 돌아가고만 싶더니라

봄달, 자목련

개구리를 잡고 있었다 버드나무 가지 꺾어 탁탁 풀밭을 때리면 개구리들이 풀섶에서 튀어나왔다 혀를 빼무는 개구리를 다리를 바르르 떨며 뻗는 개구리를 버드나무 가지 이파리 훑어 코를 꿰었다 한꿰미 그득해질 때까지

샘가에서 연필 깎는 칼로 쓰윽 쓱 다리를 잘랐다 정신이 돌아온 개구리가 깩깩대는 개구리가 몸통만 남은 개구리가 내장을 질질 끌고 마당을 기어다녔다 앞발로만 기어서

놓아먹이는 닭과 오리와 고양이 들이 서로 먼저 먹겠다고 뒤엉켜 물고 뜯고 쪼아대고 내장을 끌고 다니는 그것을 물고 달아나고 쫓아가고 꿀꺽 삼켰다가 다시 토해내고 서로 물고 뜯어내다가 꿀꺽 삼키고

베란다 밖으로 자목련이 피어서 팽팽히 부풀었다가 터지는 중인데 어쩌다 툭툭 한잎씩 꽃이파리를 떨구기도 하는 봄인데 내장을 끌고 저 개구리는 어디로 가나 앞발로만 기어서 어디 어디로

장마

물크러진 피자두가 수북하게 빠져 썩고 있습니다
삐걱삐걱 불무 돌리는 소리가 들립니다
매캐한 연기가 마당에 그득합니다
왜 또 이 집을 서성이는지 모릅니다

부러지지 말라고 밑동을 묶어놓은 달리아가
숭어리 숭어리 꽃을 피워댑니다
피자두는 썩어 버글버글 거품을 게워내고
수채를 따라 나비가 소복하게 날고
능구리가 개구리를 잡아먹고 있습니다

꿈틀댈 때마다 빛깔이 변하는 몸
점잖은 양반이 왜 여기서 이러시느냐고
어여 어여 가실 데로 가시라고
할머니가 중얼중얼 손을 비빕니다
구리 비녀에 반짝, 햇빛이 모입니다
어여 어여 가시라고
천천히 몸을 돌린 능구리가 헛간 그늘 속으로 스며듭니다

어둔 방에서 문을 연 사람이
퀭한 눈을 하고 오뚝하니 앉아 있습니다
손에 무언가를 들고 나를 부릅니다
발이 떨어지질 않습니다
힘이 빠진 손이 천천히 문을 닫습니다
질나라비 한마리가 피자두 위에 앉았다 날아갑니다
발바닥으로 피자두를 쓱쓱 문지릅니다
삐걱삐걱 불무질이 다시 시작됩니다
잠잠하던 비가 또 오기 시작합니다

수묵

저 노랑을
저 파랑과 하양과 붉음을
지나지 않으면 어스름이 내려오지 않는다지요
거무죽죽한 날개를 떨쳐입은
숭숭 검은 털 배긴 어둠이 오지 않는다지요
나는 등잔에 기름도 채워두고
심지도 가지런히 잘라두었지만요
기다란 더듬이
소리 없는 날갯짓의 올빼미 같은 어스름이
검은 수레를 타고 곳곳에서 번지듯 스미어 올 때
차마 불을 그을 수 없었음을
뭐라고 해야 할지

다 알고 있으면서도 말하지 않던 사람아
차마 말할 수 없어서라며 고개 숙이던 사람아
묵(墨)의 농담(濃淡)만으로도
충분히 한세상 담아낼 수 있는 것을
온갖 색이 섞인 묵을
명(明)과 암(暗) 그 언저리에서 촘촘히 번지는 색 중에

내가 모르는 그 어떤 희미한 빛을
붉은 낙관 찍어 벽에 걸어두렵니다
이처럼 밝은 분간이 너무나 무서워서요

모란에게

차라리 잘되었다
벌겋게 아가리 벌린 이 즘생아
배배 말라비틀어진 손모가지로 나를 움켜쥐고
내 멱을 물어뜯어라
너를 피해 이곳에 숨어 산 지 수십년
그동안 마음 졸이고
전전긍긍한 걸 생각하면
차라리 이 편이 낫겠다
죽음에 숨는대도 나를 찾을까

내 멱줄을 물고 흔들어라
모든 아름다움을 피해 달아났으나
끝내 어디에서고 마주치던 모란아
모란이 없는 땅을 찾아
수수만리 걸어왔으나
모란이 없는 데는 사방 천지 아무데도 없고
더는 숨을 데도 없으니
그래,
와라

와서 날 잡아먹어라

호랑지빠귀

나두 거기루 가구 싶어
이젠 못 갈 거야

호랑이 가죽을 뒤집어써서
사람들이 나를 보면 죽이려고 할 거야
총을 쏘거나 활을 쏘아댈 거야
제 부모를 죽였다고도 하고
제 자식을 물어 갔다고도 할 거야

호랑이 가죽이 붙어서 떨어지질 않아
이 가죽을 떼버려야 하는데
벗겨지지 않아
이젠 목소리도 잃어버려서
귀신 울음소리 같다고 하잖아

자꾸 눈물이 나
그래서 우는 거야
이렇게 깜깜한 밤마다
나두 거기루 가구 싶어서

울고 가는 저 기러기

하 추운 날인데 뜨신 국말이밥이래두 먹구 가렴

고개 너머 모과나무 선 조막손이네 들러

아궁이 앞에서 몸이래두 좀 데우구 가렴

이 빠진 사기그릇에 술 한사발 하며

서리 묻은 날개래두 털구 가렴

불이나 쬐며 이야기래두 하다 가렴

제 3 부

버들피리 꺾어 불던

옛날 옛적 갓날 갓적 하늘땅이 열릴 적에
호랑이가 담배 피우고 까막까치 말할 적에
강아지에 뿔 날 적에 수탉에 귀 날 적에
헌 누더기 춤출 적에 부지깽이 날뛸 적에*
물과 불이 아직 순할 적에
송아지가 지붕에 오르고
댑싸리 이파리마다 개똥불이 열릴 적에
수탉이 박각시랑 살림 차릴 적에
염치없이 나온 두꺼비를 문 능구리가
수채에 자빠져 숨을 몰아쉬고 있을 적에
새끼 돼지들이 구유에 오글오글 올라앉아 잠잘 적에
나리꽃도 개나리도 미나리도 모두 한곳에서 나왔을 적에
돌아앉아도 바로 앉아도 모두 한군데를 바라볼 적에
내가 그린 그림 속의 나무들이 모두 누워 잘 적에
해와 달이 한 하늘에
아무렇게나 굴러다닐 적에

* 서정오 「노루왕의 의리」, 『우리가 정말 알아야 할 우리 옛이야기 백가지 2』.

마루 밑에 살던 것들에게

괭이같이 앙알대며 쏟아붓는 햇볕도
더는 비집고 들어갈 수 없어
무춤하니 멈춘 뜰팡에
헝겊 덧대 기운 고무신 밀어내고
댓돌에 올라앉은 강아지 내려놓고
마루 밑을 들여다보면
마루 틈으로 스며든 햇볕에
푸른 물 든 감자 밀어내며 들여다보면
귀퉁이 깨진 호롱아
내가 흘린 유리구슬들아
찢어진 털신아
귀뚜라미와 노래기와 지네 들아
밤송이로 막아놓은 쥐구멍 속의 쥐들아
숯검댕 묻은 몽당빗자루야
잘들 있었는가
여기서 잘들 살고 있었는가

머나먼 골짜기

오박골 밭엘 가려면 길이 없어 도랑물을 밟으며 거슬러 가야 했습니다 고무신 벗어 들고 첨벙첨벙 물 따라가면 쏜살같이 뒤로 헤엄쳐 달아나거나 채 달아나지 못한 가재들이 집게발 높이 들고 으르딱딱이며 잔뜩 성을 내고 있었지요 집게발에 물리면서도 그놈들을 잡아 양은 주전자에 담았습니다 어기적거리며 달아나지 못한 가재들은 필시 꼬리에 머루 같은 알을 붙였거나 이제 막 허물을 벗어 몸이 무른 것들이었습니다 아직 어린 가재들은 뿔뿔이 달아나 돌 밑에 숨어들기도 했습니다 나는 무른 가재는 맛이 없으니 단단한 것만 잡을 거라며 가재 굴 속에 손을 집어넣으면서 고추장 발갛게 풀어 지진 가재들을 오독 오도독 깨물어 먹는 생각만 했습니다

걸음이 처지면 그래서 오늘 해전에 밭에 가겄냐 하는 엄마 목소리를 따라 오박골 산그늘로 스며 들어가서 김을 맸습니다 한골 매고 슬슬 꾀가 나 감나무 아래 홍시나 주워 먹다 매미나 잡으려고 나무를 오르면 아부지는 으레 또랑에 가서 올뱅이나 잡아놔라 오늘 저녁거리나 하자 말씀하셨지요 나는 또랑으로 내려가 너구리처럼 돌을 뒤지며 올뱅이를

잡았습니다 입술이 파랗도록 놀다 주전자를 내밀면 엄마는 그래두 밥값은 했구나 말씀하셨지요

그 말씀들을 따라 이만큼 와서 딱딱하게 굳은 등껍질을 웅크린 채 내가 어디만큼 떠내려와 있는지를 생각해보고 내가 벗어놓은 허물들이 다 어디로 흘러갔을지를 생각해보고 오박골 골짝에 두고 온 어린 가재들이 얼마나 자랐을까를 떠올려보는 밤입니다

피자두

아이구, 이런 즌기두 안 들어오는 토굴 같은 디다 너를 브내구 이 오라비가 죄가 많다 죄가 많아 하며 외삼촌 울며 돌아갔다는 못골 안채엔 셋째 큰아버지네가 살고 사랑채엔 할머니 할아버지가 사시고 도랑 건너엔 둘째 큰아버지가 이복남매 거느리고 사셔서 어쩌다 내가 가면 도마에 썬 개고기를 소금 찍어 먹으라고 내밀던 재취한 큰어머니 입술이 툭 불거져 나온 것이 무서워 돌아오면 사랑채 뒤 우리 집 앞엔 해묵은 피자두나무가 서 있었다

피자두가 벌겋게 쏟아져서 짓이겨지고 썩어 버글버글 부풀어오른 피자두가 눈도 못 뜨게 단내가 그득해서 흰나비며 호랑나비 질나라비 나울나울 무수히 날아오고 나나니벌 호박벌 쌍살벌 가리지 않고 부잉부잉 날아와서 먹지두 못하는 걸 뭐 하러 그냥 두나 몰라 싹 베어버리라니께 둬봐야 벌거지만 꼬이지 그래두 엄마는 떨어진 피자두를 물에 씻어 썩은 데만 도려내고 벌 나비가 먹은 것이 맛있는 거라드라 귀신같이 알아보구 맛있는 것만 먹는다드라

그때 그 시뻘건 걸 이가 시큰하도록 먹은 것이 물려서 지

금은 피자두를 쳐다도 보지 않지만 마트 진열대에 허옇게 분이 앉은 피자두를 보기만 해도 입에 침이 고이는데 나 태어난 피자두 벌겋게 쏟아지던 토담집은 헐려서 축사가 되어 송아지가 뛰어다니고 일루 와 이것 좀 먹어봐라 하며 어머니는 돌아가셔서도 뭘 거두어 먹이겠다고 자꾸 살아나시고

못골 큰집

하루가 천년 같지
이대로 쓰러질래두
하매 올세라
날만 번하면 올세라
기다린 게 벌써 몇몇해
곰팡이가 피고
정지엔 녹슨 가마솥이 굴러도
오늘사 올라나 내일이나 올라나
더는 썩을 데도 없어
몸에 습한 기운 다 빠져나가고
이대로 말라붙어 숨도 살도 더는 없어
헛도깨비 같은 풍신으로라도 서서
뼈만 남은 채로도 이렇게 서서
앉은 자리 대가 돋아
방고래를 뚫고 청대가 솟도록
바람벽에 수수깡이 다 드러나도록
그이들 보고나 지고
눈망울 머루 같던 아이들과
목소리 우렁우렁한 장골인 형제간들 보고나 지고

삼세번

죽으려구 했지, 약을 먹구 누웠는디 속이서 불덩이 같은 게 치밀어 올라와, 꾸역꾸역 생키구 또 생키구, 게우면 못 죽을까 싶어서 두번까지는 생켰는디 시번째는 못 생키겄데, 게우니께 벌건 것이 쏟아져 나오는디 그게 목심이었던개벼, 이제 죽나 싶어서 누웠더니 눈물이 비 오드끼 쏟아지구 눈앞이서 새끼덜 얼굴이 오락가락하데, 이렇게 죽으면 연놈 좋은 일 시키구 새끼들 눈에서 피눈물 빼는 거 아녀, 어거지루 꾸역꾸역 다 생켰어, 살아야겄데, 죽어두 살아서 두 눈 시퍼렇게 뜨구 그 연놈들 보란 드끼 살아야겄데, 심부름 보냈던 쟈가 들어와서 지 에미가 그러구 있으니께 동네가 떠나가게 울어대구 옆집 희순네를 불러대구 했지, 구급차 타구 가서 위 세척하구 다시 살아났어, 인생사 삼세번이랬으니 이제 한번 남았어, 한번 더 게워낼 때까지 두 눈 시퍼렇게 뜨구 살아보는겨

고들빼기 꽃이

어허, 나물 장사 한평생
이고 지고 끌고
까고 다듬고 묶느라
시커멓게 풀물 든 손
하두 일을 해서 지문도 안 나온다는
면서기 퉁박에도 부끄럽게 웃던 우리 큰어머니

새끼라구 날 중만 알았지
뒷바라지두 옳게 해주지 못하구
우리래두 잘살았이믄 니가 그 고상 안 하구 살 걸
큰집이라구 보태준 것두 없이
반찬이라구 짐치배끼 없어서
미안시러워 어쩌냐고
조카라구 큰에미 찾아왔는디
그냥 가면 서운해서 안 된다고
봉분 위에 노랗게 고들빼기 꽃 피워두셨습니다

지긋지긋한 나물이라고 사촌 형은 얘기하지만
고들빼기 쌉싸래하니 돋았습니다

아가, 이거라두 가지구 가거라
빈손으루 보내면 내가 서운해서 안 돼야
골짝 물소리로 따라옵니다

동기간에

동상, 날 봐
그러는 거 아녀
아덜 봐서래두 자네가 이러믄 워짠댜
자네가 그럴 사람 아니라는 건 내가 다 알어
그만 일루다가 목심 끊는다는 게 뭔 소리여
그것두 독하디독한 농약을 먹었다니
더한 것들은 큰소리 떵떵 치구 사는디
그깟 꼬치 한푸대가 다 뭐라구
그 인사들이 인색하구 모진 중 내가 다 알지
삼동네서 내놓은 인사들이랑 상종한 게 잘못이라니께
품삯 대신 따 왔다구 말을 해야 알지
품값을 떼먹을 중 누가 알았으까
그래두 도둑놈으루 몰려서 죽으면 어떡한댜
어여, 이거래두 뜨구 일나라니께
바랭이겉이 쇠비름겉이
독허게 대가리 쳐들고 살아보라니께
이거 봐, 동상
시상이 다 그려
제우 그깟 일루 죽었이믄 난 골백번두 넘게 죽었을겨

살아야지 암만 살아야지
그래야 그놈의 돈 웬수 실컷 갚구 살지

가시지 않는 비린내

장마가 와 가물었던 모새방에 물이 도랑을 이뤄 흐르면 도랑을 따라 피라미 붕어 잉어까지 거슬러 올라왔습니다. 우리들은 여러갈래로 흐르는 도랑에 풀을 베어다 덮어두고 풀 속에 손을 넣어 붕어며 피라미를 잡았습니다. 도랑마다 자기 것을 정해두고 다른 아이들은 손도 대지 못하게 했습니다. 나는 도랑이랄 것도 없는 작은 물줄기를 하나 작대기로 파고 풀을 덮어두었습니다마는 물고기 한마리 들지 않았지요. 점심때도 지나 아이들이 다 밥 먹으러 집에 간 사이 나는 대권이의 도랑에 손을 넣었지요. 손에 꿈틀하니 만져지는 것을 꽉 움켜쥐고 집으로 내달렸습니다. 뒤에서 누가 부르는 소리가 들리는 거 같았지만 뒤도 돌아보지 않고 내처 달렸습니다.

숨을 몰아쉬며 손에 쥐었던 것을 빗물받이 붉은 다라이에 놓았습니다. 손에 묻은 서너개의 비늘이 떨어지며 물속에서 반짝이고 손바닥만 한 붕어가 장구애비를 헤치며 헤엄쳐 바닥으로 숨었을 때 손을 씻고 일어섰지만 비린내가 났습니다. 비누로 씻고 수세미로 박박 문질러 피가 나게 닦아도 비린내는 가시지 않았습니다. 그래 지금도 장마가 지면 손에서 자꾸 비린내가 나는지 모릅니다. 대권이는 공고 졸업하고 조선소에 취업해 일하다가 사고로 죽었는데 장마가 이어지는 밤이면 손 내놔봐, 내 붕어 내놔, 내 붕어 훔쳐갔지 내 붕어 훔쳐갔지, 아이고 내 새끼 그 어린것이 얼마나 아팠으까, 멕이지도 못하고 입히지도 못하고 아이고 불쌍한 내 새끼야 내 새끼야, 울부짖는 악몽에 시달리는지도 모릅니다.

일 많이 한 손 1

일 많이 한 손은
한울이 알고 땅이 알고
세상 사람들이 다 알아본다
일 많이 한 손 앞에서는 일이 먼저 알아보고
납작 엎드려 죽는 시늉을 한다
텃도지 물고 시사답 부치고
나락 거둬들이면 보리 심고
보리 거둬들이면 나락 심고
평생 일 떠날 일 없었던 손 아니냐
손톱이 으등그러지고 손에 풀물 들어 갈라지고
지문도 다 지워졌지만
저 손 봐라
일 많이 한 저 손 봐라
팔밭 돌 고르다 짓찧어 가운뎃손가락 구부러지지 않는 저 손 봐라
그래서 식구들 건사한 거 아니냐
죽을병 걸린 줄 알면서
병원에서 말려도 기어이 나와서
일만 하다 죽은 거 아니냐

그래 저 묻힐 데 돌 하나 안 나오고
물도 안 솟고 저렇게 땅도 제 몸 순순히 내주며
흙덩어리 엎듯 한 몸 받아들이는 거 아니냐

일 많이 한 손 2

내가 나이를 먹고 먹어
쉰 하고도 넷이 되니 그렇다야
우리 아부지, 용해터진 그 양반
부끄럼 많고 수줍어 누가 뭐래도 고개 외로 꼬고
남들하고 눈도 못 마주쳐서
무녀리라고 손가락질당하던 양반이
예닐곱 아이 소견으로도 쫑마리라고
궂은일 다 당신이 하시고
들어가 공부나 하다가 심심하면
쇠꼴이나 가서 먹이라고 하시며
산에 나무하러 가면 식구들 먹이려고
개암이며 산딸기 따 와
방바닥에 엎드려 숙제하던 내게 내밀고
등에 못이 배기게 지게질하고
밤마다 끙끙 앓고 일어나
식구들 추울세라
언 구정물 깨 쇠죽솥에 붓고
뚝뚝 나뭇가지 꺾어가며 불 넣으시고
아침 먹고 지게 지고 산으로 가

나무 한짐 해 와서 털썩 나뭇짐 부리는 소리에 일어나면
말라붙은 고욤을 가쟁이째 내밀던
마디마디 못이 배긴 그 손이
시방도 아프다야
가슴이 저리도록 아프다야

노제(路祭)

가시나, 나이두 젤루 어린 것이
기중 먼저 가네
저 살던 데두 한번 못 와보구
이렇게 죽어서 귀신으루나 돌아오네
꼭 병 낫궈서 오라구
죽어서는 보지 말쟀더니
나보담 먼저 가면 어떡한다냐

이럴라구 그 지랄을 하구 갔나벼
나두 다리가 아파서
아프대두 한번 가 디다보지두 못하구
마음만 동동거렸더니
병치레만 잔뜩 하다가 갔나벼
성님 동상 해가며 산 게 아매 오륙십년은 되니
피붙이보다 더하면 더했지 못하지는 않지

시어머이 등쌀에 둘이 손 붙들구 울기두 많이 했지만
인자 그 맛난 칼국시며
잔치 때마다 불려 다니던 끼끗한 솜씨 다시는 못 보겄네

그랴, 먼저 가 좋은 자리 잡구 지달리거라
내 곧 따라갈 테니께
아픈 성 절 받구 싶어서 이래 먼저 갔냐
이쁘구 고운 거 좋아했으니
가시나야 꼭 그런 디루 가 있거라

2024 겨울, 못골

그때가 봐 언제여
한 쉬흔집 살았는데
이제 두집 남았어
다 가구 무녀리뿐이여
저 아래 현모네는 요양원 갔는디
죽어서나 볼라나
살아서 볼 수나 있을랑가 몰라
누가 이 골짝에 들어와 살아야 말이지
대전으루 서울루 다 뿔뿔이 흩어져 가구
나머지는 다 삐주리 감이라니께
먹지두 못하니께
거기서 데려가지두 않지
아, 느 어머이하구 큰어머이들이 잘 죽었지
이 꼴 저 꼴 안 보구
오래 사니께 안 볼 것두 보구
못 볼 꼴두 다 보구
질루 왜 이렇게 아픈지 모르겄어
사방이 쑤시구 아파서 잠을 못 자겄어
그래서 이렇게 나와 앉아 있는겨

아픈 거 잊을라구
엄마 보루 온겨
그랴, 바쁜 사람 붙들구
잘 가구 행복하게 잘 살아이이

꾸구리가 앉았던 데

비운 지 오래된 집을 허문다
포클레인 기사는 키가 작지만
포클레인은 키가 커서 지붕까지 닿는다
먼지 때문에 물을 뿌리며 작업해야 한다고
옆집 수도에서 끌어온 호스가 맹렬히 물을 뿜는다
허릅숭이 같은 게 왜 이렇게 안 쓰러지지
드러난 수수깡과 지푸라기가
우리 집을 버티고 있다가
폭삭 허물어진다

꾸구리가 앉았던 자리 같다
흙탕물이 일다가 이내 말개진다

제 4 부

소 등가죽의 떨림같이

아부지가 싸리비로 쇠등을 쓸 때
소 등가죽의 부르르한 떨림같이
싸리비 자국 난 봄 마당은 그렇게 간지러운가봐
그래서 돌틈에 저렇게 냉이꽃 꽃다지를 빼물었나봐

밭 갈고 들어온 우리 소가 쇠죽을 먹다가
아부지 싸리비질에 먹던 걸 멈추고 지그시 눈 감고 있듯이
그렇게 마당 한쪽에 아이들이 그려놓고 간 그림을 일으키고
샘가 빨간 대야에 찰럼한 물 일긋거리게 하는가봐

가부재기 따 먹으러 몰려온
놓아먹이는 달구떼처럼
구름은 저렇게 하얗게 몰려와
우리 집 지붕 위에 올라가기도 하고
감나무 가죽나무에도 저렇게 활개를 치며 올랐나봐

꾸덕꾸덕한 쇠똥 딱지 비집고 돋아나는 쇠털같이
하늘에 별들은 그렇게 돋아나는 건가봐

쇠꼬리 홰홰 칠 때
별들은 또 이 땅에 흩어지기도 하는 건가봐

어디로 가는 배냐

적이나하면 식전에 나와 논둑이라도 깎던가
논틀밭틀길 둥글어댕기다가 귀퉁이 다 깨져가지구
에멜무지로 주둥이 꾹 닫구 충그리구 앉아서는
수숫대 모가지 영글어 휘어진 아래서 참새떼에 쪼여
숨숨 구멍 난 얼기미 되어가지구서는
당최 뭐라구 대꾸라도 있어야 살지
이래도 흥 저래도 흥 타령이니
하늘이 사람을 내일 적에
콧구녁 두개 내놓은 게 까닭이 있는겨
기맥혀 죽지 말라구
모르쇠루 입 닫구 코도 들씬 않구 있으니
염천 지나
발길에 채는 벌거지들 울음소리에
이슬 내리는디
여치 귀또리 더듬이에도 이슬 맺히는디
아까부터 뜰팡에 내려
무릎까지 출렁하니 젖어설랑은
국화 순애기에 하나하나
얹히는 것들이 뭔지 잘 몰라

대문을 밀며 들어오는
저 배가 어디로 가는지 몰라

물 먹는 논

종일 팔밭 다랑이 갈고 온 소가 물 먹듯이
독새풀 욱어 갈아엎은 논이 물 먹는 소리를 들어라
터놓은 봇도랑물이 푸슬푸슬한 흙을 안고 스며드는 소리를 들어라
헛간에 후치 내려놓은 아버지가
구유에 구정물 쏟아붓는 소리를 들어라
땅이 야물어서 소가 욕봤다고
바가지 든 아버지가
꿀떡꿀떡 물 마시는 소리를 들어라
땀에 젖은 몸에 물 받아 내리면서
어, 시원하다 하는 소리를 들어라
봄가뭄에도 독새풀이며 벌금다지를 키워낸
마른 논이 물 먹는 소리를 들어라
이제 막 애벌갈이하고 로터리 친 논에
물 들어가는 소리를 들어라
한나절 넘게 봇도랑을 타놓아
찰럼하게 물을 가둔 논에
산들이 철벙철벙 걸어가는 소리를 들어라
죽은 이들까지 다 다시 돌아와

성제가 많으니 동기간끼리만 모를 내도
되겠다는 소리를 들어라

믿을 만한 구석

돈도 없고 뒷배도 없고
서발 막대 휘저어봐야 걸리는 것 하나 없는
나 같은 사람은
주식이니 부동산 투자니 하는 것도 잘 모르고
윗돌 빼내 아래쪽 고이고
아랫돌 빼내 위에 올려야 하는
나 같은 사람은
혁신이니 개혁이니 발전이니
하는 말도 다 귀찮고
배고프면 밥 먹고 졸리면 웅크려 자는
나 같은 사람은
믿을 만한 구석이라곤 흙밖에 없다

마늘 한쪽을 심으면 여섯에서 여덟개가 맺히고
감자를 쪼개 심으면 스무남은 달린다
콩 한알이 싹이 나서 백배의 이익이 나고
참깨나 조는 복리에 복리가 붙는 수익을 가져오지 않는가
호박 넝쿨이 봄부터 가을까지 기를 쓰고 담장을 넘어가더니

탐스러운 호박을 덩을덩을 맺고 돌아온다
도대체가 앞이고 뒤고 옆이고 꽉꽉 막혀 속 터져 죽겠을 때
이런 구석이라도 있어야 하지 않겠나
믿을 만한 구석이 아예 없는 것도 아니니
장마 한가운데 김매다 흙 묻은 손으로 담배를 물 때
옥수수 잎 서걱이며 불어오는 바람 값이 억만금이다

방하착(放下着)

여름밤 성님들 따라
오백거리 여울에 올뱅이 잡으러 갔지요
이끼를 디뎌 미끄러질까 싶어
온몸에 힘을 쓰고 물을 건너갔지요

여울에 몸 담그고
머리에 등불 달아 물속을 비추면
드문드문 들러붙은 올뱅이들이 보였습니다

더듬더듬 주워 허리에 찬 양파 망에 담고
돌 밑에 붙은 것들도 잡으려고
돌을 뒤집으면 밑에 붙어 있던 것들이
스르르, 그만 돌을 놓아버리는 거였지요
세찬 물살을 따라 놓아버린 것들이
저 아래 어두운 곳으로 떠내려가는 것인데요

불을 피우고 젖은 몸을 말리며 옥수수를 먹다가
미물도 저 죽을 줄 알고 도망가는 거란다
어차피 죽을 목숨

악착같이 움켜쥐기만 하면 죽기배끼 더하겄냐

물비린내 울컥하니 끼쳐 오는 강에서
놓아버린 달이 두둥실 떠내려가는 여름밤이었습니다

쇠죽 안칠 때

지금은 한겨울
동지가 가까운 날
오후 네시가 지났으니 쇠죽을 안칠 때
겨울이라 풋것을 못 먹는 소를 위해
여물을 새로 썰고 콩깍지와 등겨를 섞고
구정물 받아둔 통에 비지도 으깨서 넣고
지금은 쇠죽을 안칠 시간

노루 꼬리만 한 겨울 해가
이제 이마에 눈 얹힌 산꼭대기를 향해 기어오르는 시간
각종 보고서를 보내놓고
눈자위 누르고 앉은 그대여
지금은 쇠죽을 끓일 시간
마당 고욤나무에 앉았던 새들도 집으로 돌아갈 시간

워낭 소리 딸랑거리며 우는 소여
그 한데 같은 너른 속으로
김 오르는 따순 쇠죽을 퍼다주마
강냉이알 같고 콩알 같은 별이 뜨는 겨울밤

노트북을 덮으며 눈을 감고 있는 그대에게도
이 훈김 오르는 더운 겨울 저녁을 주마

능이가 나는 곳

버마재비 배가 통통히 부풀어 오르고
나락이 누렇게 익어 고개 수그리기 시작하면 버섯 철이여
동기간에도 안 알려주고
부모 자식 간에도 안 알려주는 거여
말해 뭐 하겄어
하물며 부부지간에도 알려주면 안 되는겨
사람에게 알려주면
그 사람이 다른 사람을 데려오고
다른 사람은 또 다른 사람을 물고 와서
그 자리에 길이 나고
사람 발자국으로 다져져
인내가 배기면
능이가 사그라드는 법이여
너무 악착같이 따지 말고
아직 어린 것은 그냥 두는겨
능이를 딴 자리가 표시 안 나게
낙엽으로 덮어주는 거여
그래야 뿌렝이가 안 마르는 거여
그렇게 혼자만 알고 있다가

이제 힘이 패어 산에도 못 가고
그렇게 늙어지면
기중 믿을 만한 사람에게 슬며시 알려주는 거지

부부

낭구해 오라고 하면 워디서 죄 옻나무만 해 와서 불 때고 나면 밤새 온몸이 가려워서 잠을 못 자 피가 나게 긁어가며 인자부터 산에 가믄 당최 옻나무일랑 벼 오지 마시오 해도 드문드문 옻나무가 섞여서 또 옻이 올라 얼굴이구 어디구 죄 진물이 나서 못 살아 밤새 그렇게 잠 못 자구 긁어대면 이튿날 워딜 간다구 가서 개고기를 구해 와 뚝뚝 피가 듣는 고깃덩어리를 옻오른 디다 바르고 괴기를 삶아서 국물을 마시고 나믄 원제 그랬냐는 듯 씻은 드끼 낫거든 개하고 옻하고는 상극이라 상극 그래 그거 해 먹고 나았어 시방이야 하두 올라서 옻탐을 안 햐 하기야 그래 옻나무를 땠으니 그때 평생 오를 게 다 올랐는디 뭐

노이히 삼촌을 생각함 3

물꼬 우는 논두렁길을 콩 포기 헤치며 콩잎 사이 안개 헤치며 걸어 나가면 따다다닥 땅개비도 날아오르고 메뚜기도 뛰고 짱아도 날아오르지만 그 왜 있지 옛날 옛적 나 어릴 적 우리 살던 마을에 좀 모자라지만 맺힌 데 없고 데퉁맞은 그이가 생각나는 거라 충그리고 해찰하고 지청구 먹으면서도 나 같은 조무래기들과 친구 하던 그이가 생각나는 거라 버드나무 가지 훑어 피라미를 꿰미로 잡아주고 물총새 구멍 뒤져 새끼를 내려주던 그이가 생각나는 거라 콩 포기 수숫대 헤치고 논길을 가면 함빡 바짓단이 젖고 풀씨들이 붙기도 하지만 지게 지고 남의 뒷간이나 퍼서 지고 가던 그이와 좀 모자란 그이의 마누라도 생각나는 거라 동네 궂은일 도맡아 하던 그이들이 생각나는 거라 논두렁길 같은 구부정한 그의 등도 생각나는 거라

신들의 황혼

복사꽃 한두점 핀 양철 지붕이구요
복숭아나무 가지엔 몸뻬가 걸려 펄럭이구요
몸뻬 바지 꽃무늬 넘실넘실 번지구요
유리창 안쪽엔 라면과 국수가 쌓였구요
녹이 슨 화목 난로는 묵묵부답이구요

허리가 아파 복대까지 찬 할아버지가
된장 냄비 올려진 밥상을 겨우 들고 부엌에서 나오구요
풍을 맞아 한쪽이 어줍은 할머니가
삐뚤빼뚤 공책에 안말례라고 이름을 큼직하게 쓰고 있구요
벽엔 학사모 쓴 아들과 손주들 사진이 주런하고
젊어 제주도 놀러 가 말 타고 찍은 사진이 걸렸구요

이제 손님도 없구요
간판 없는 구멍가게 머루 넝쿨이 새순을 내밀었습니다
한쪽이 기운 상다리를 송판 괴어 돋우며
일루 와 저녁 안 잡샀으면 같이 먹어
극구 손을 저으며 나오는 유리문 안쪽

가로등 불빛만 환한 데서
두 내외가 오래오래 밥을 먹습니다

늦게 온 손님

잘려구 둔넜응께 누가 자꾸 부르더랴
시커먼 옷을 입은 팔대장승 겉은 눔 둘이서
막내 상렬이 친구라고 밥 좀 달라고
그래 밥이 없다니께 즈이끼리 해 먹는다고
쌀을 내달래서 내줬더니
정지에서 쌀을 씻는다 불을 땐다 하는데
불쑥 미서운 생각이 들어서 방으로 들어와 앉았드라네

그래두 꾀 하나는 잘 썼지
각중에 시커먼 눔들이 들이닥치니
가심이 벌벌 떨리구 손발이 각기 놀구
무시라 전화기를 붙들구 큰 소리루다가 소리소리 해댔드랴
상렬이 아부지, 아이 상렬이 아부지
시간이 몇신디 아직두 안 와 으이
죽은 지 몇해나 되는 양반을 전화기루 부르니께
정지에서 소리가 뚝 끊겨
빼꼼히 내다보니께
밥을 그렇게나 많이 해놓구 그눔들이 내뺐겨

이웃에 자랑을 하던 이가
요양보호사가 점심나절에 집에 들어가니
샘가에 쓰러져 있더라고
그게 상렬이 친구덜이 아니구
저승차사여 저승차사
쌀은 뭐 한다고 내줘가지구
그 밥이 사잣밥이 되었다니께

여이*

여이
자꾸 왜 그라는겨
사는 게 다 그려 여이
누구는 뭐 재밌어서 잘 사나
안 죽으니께 살아지는 거지
다 속에 태산 같은 짐을 쟁이구 사는겨
그런 맘은 애시당초 먹지두 마
새끼가 있구 마누라가 있는디
아덜 들을까 무서워 여이
당최 워디 가서 그런 소리 하지 말라니께

여이
그라는 거 아녀
마당가 감나무두 이파리 짙어가면
바람두 깊구 그늘두 더 시원한 거 아녀
너나 나나 쉬흔 넘었으니 욕봤어
초년 복은 타구난다지만 말년 복은 내가 맹그는겨
하냥 나가자니께
가서 막걸리래두 한잔 먹자니께

술 들어가면 또 살아지구 잊혀진다니께
여이
어여 가자니께

* 옥천 사람들이 친구나 아랫사람을 편안하게 부르는 말.

봄나들이 사진 속

솔미 마을회관
봄나들이 사진 속
마흔명 넘는 주민들 중
셋은 요양병원 가고 다섯은 저세상으로 이사 갔다
여기가 아프네 저기가 결리네 하면서도
관광버스만 타면 온몸에 땀이 흠씬 나게 흔들어대던
금니 빛내며 웃는 수자네는
아들딸네들이 전답이며 집이며 가로세로 찢어 간 뒤
서로 얼굴도 안 보고 산단다
가면서부터 올 때까지 술이던 홀아비 인선네는
요양보호사가 와서야 겨우 병원으로 갔지만 사경을 헤매고
거동을 못해도 짝이라도 있으니
그나마 이렇게 산다고 웃던 이북치는
목청이 좋아 대동강아 내가 왔다더니
하루아침에 그렇게 되고
사진 찍으려고 하면 다들 어디로 가셨는지
하나를 불러오면 둘이 없어지고
둘을 데려오면 넷이 없어진다고
당최 어디 가지 마시고 사진이라도 찍자고 이장이 통사정

을 해도
　차일 친 벚나무 아래서 막걸리를 마시는 축들은 부녀회장이 불러오고
　천마니 마스크팩이니 게르마늄 팔찌니 구경하던 아주먼네들은
　새마을 지도자가 모시고 와서
　만개한 벚꽃나무 아래서 금니 은니 빛내며 웃었다

2019년 4월 3일 진해 군항제

장날 3

하도 오래 같이 살아서
메느린지 친딸인지 모르겠는 아주머니랑
시어머인지 친정어머인지 분간도 안 가는 늙은이랑
장 보러 나와서 세상 참견 다 하다가는
메느린지 딸인지가 어머이 이거 어뗘 하며 옷을 집어줍니다
새카만 건 사람이 어둬봬서 싫구
너머 빨간하면 아덜 같아서 그렇구
흰색은 빨래하기 대간하니 어쩌구 하다고
어머이 워디다 이쁘게 보일라구 한댜
야 줌 봐 여이, 내가 그래두 느 아부지 돌아가시구
한 삼십년을 수절했어
홍살문이 내려두 열두번은 내렸을 건디
같은 값이믄 입성이래두
깨끗하니 입구 댕겨야
한번 더 돌아보는겨

물멀미

에 드러라 꾀끔이 어째 그르케 눅디야 칼만 안 들었지 예라이 순 그러키 정들자 이별이고 살 만하믄 세상 뜬다구 안 하던가베 도척이겉이 죽어라 일만 해쌌더니 그 드런 눔 한 아가리에 다 밀어넣구 그렇게 갈 줄 누가 알았디야 갱엿실 겉이 한참 늘어졌다 끊어지는 익숙한 사투리가 호박 넝쿨 지붕을 덮듯 그렇게 나까지 휘감을 줄은 몰랐던 것인데, 시상 천지에 인두겁을 쓰구 그 인사들이 장례식장에 왔드라잖아 희멀끔한 건 장 그대로구 와가지구 지집이 성님 어쩌구 하며 아가리 처벌리는디 꼬라지두 뵈기 싫드리야 지두 양심은 있었던가 슬금슬금 내빼는디 호박 넝쿨 박 넝쿨로 얽히고설키는 이야기 끝, 그래 죽은 년만 불쌍하지 팔밭 다랭이 갈퀴가 되게 일궈서 연놈 한 아가리에 다 밀어 넣고 일평생 직사하게 일만 하다가 얼마나 잘 처먹었는지 연놈이 부연 것이 기름이 잘잘 흐르더랴 저는 활가마구겉이 눈이 십리는 기어 들어가서 그렇게 죽더니만, 투욱 이야기가 끊어지고 하나는 오백거리서 하나는 가린여울에서 내려 구루마를 끌고 들어가고 오백거리 물 흐름에 어지러워 나는 일가뻘 되는 한쪽이 육손이던 샘가에서 앵두를 따주던 누님 이야기에 아래로만 말조개처럼 파고 들어가고

상봉(相逢)

오다가다 만난 것도 아니고
어쩌다 작정하고 찾아온 것도 아니고
시골 장터 국밥집에서 물 가져다준다고 하다
허공에서 따악하니 마주친 눈빛이
삼십몇년 전
서울하고도 상봉동
반지하 곰장어 가죽 공장으로 그들을 이끌었다던가

혹시 누구 아니시냐고
기라고 맞다고
아르를 돌아 시아게를 한 세월이
말쑥하게 활짝 펼쳐졌다고도 하던가
둘이 손을 맞잡고 한참을 얼싸안았다고 하던가
죽지 않고 살다보니 이렇게 다 만나진다고

설거지하는 식구를 부르고
서빙하는 딸을 불러 인사를 시키고
그놈의 지긋지긋한 시다바리 하던 때 얘기 또 한다고
술이 몇순배나 돌고

얘기 끝에 고인이 된 사람들 얘기가 나오자
펑펑 울어버렸다고도 하던가

냉골인 기숙사에서 웅크리고 자면서
공장마다 돌며 몰래 전단지 넣던 때 생각이 나서
나 사는 데도 한번 다니러 오라고
수원 어디쯤 산다는 주소를 적어두고
땀을 몇개나 건너뛴 세월이
기레빠시같이 너풀거리는 세월이
가시바리로 돌아왔다고 하더라만

여울목

달이산은 그냥 여울에서 낯이나 씻으래라

달이야 떠내려가든 말든 아무따나 그냥 둬라

기차는 서울이든 부산이든 멋대로 가래라

호랑지빠귀가 울건 말건

소쩍새가 울건 말건

갈 사람은 또 그렇게 가래라

제 5 부

물까마귀

물까마귀라고 쓴다
아직도 잊지 않았다고 쓴다
아니 잊지 않으려고 써본다
그래도 잊힐까 싶어서 써본다
연필심에 침 묻혀 꾹꾹 눌러쓴다

찍찍 찌찌이 쪼이 쪼이
참새목 물까마귓과
산간 계곡에서 작은 벌레나 물고기를 잡아먹고 사는 텃새
물봉숭아 꽃 속에서 나와
물속으로 자맥질해 들어가던 작은 새
물이끼 엮어 집 짓고 새끼 치고 사는 작은 새
물속에서 나올 때마다
포르릉 온몸을 털며 벌레를 물고 날아가던 새
오박골 밭에 갈 때면 언제나 내 앞에서
포르릉 날아오르던 새

작고 귀여운 것들을
모두 물까마귀라 쓴다

여름은 어떻게 오는가

말갛던 앵두알에 핑 도는 붉은빛과
연두에서 보라나 연분홍빛의 수국 숭어리들과
빨강에서 검정 보라로 익어가는 오디들과
오디를 감춘 뽕잎에 미끄러지는 바람과
시시덕대며 깨금발 치며
굴렁쇠 들고 채집망도 들고
징검다리 건너오는 아이들같이
더러는 징검돌 하나쯤은 건너뛰어 달려오는
뒤에 강아지도 한마리 안고 오는 아이도 있고
동생을 업은 언니도 웃으면서
여러 빛깔을 건너 뛰어오는
감나무 이파리를 타고 감꽃 하나씩 던지며
오는 저 초여름 볕 좀 봐
두 볼이 바알갛게 상기된 채
숨이 차 말도 못하는
저 발간 오월 볕 좀 봐

옛 노래의 도랑 가에서

따순 가을볕에
토란잎 하나 뚝 따서 쓰고
엄마 아부지 산소 가는 길에
길도 없어 물에서 솟아오른 돌 밟으며 거슬러 올라가는 길에
물봉숭아 꽃 다문다문 배겼습니다

굴 밖에 나온 가재가 햇빛을 오리다 놀라
쏜살같이 뒤로 달아나 돌 밑에 숨습니다
둠벙에서 쉬던 물매암이 예닐곱마리
인기척에 빙글뱅글 돌아가기 시작하자
멈췄던 시간이 흐르기 시작합니다
소금쟁이들이 참방참방 물 위를 뛰어 건너가고
우렁이들은 돌 위를 기어가며
옛날로 가는 지도를 그립니다

인제사 오는겨
엄마가 비탈에서 소리를 지르고
젊어 죽은 고모가 후사도 없이 누워 계신 곳

물매암이 돌던 물 위에
돋을새김한 봉분들이 감 이파리에 일렁이는 곳
물 흐르는 소리도 또렷해지는 늦가을입니다

기억해야 하는 감각

산비를 노박 맞으며
길이거나 길 아닌 데를 헤매다
구르기도 하고 기기도 하면서
덤불 속 도라지 꽃봉오리 터뜨릴 때
내 손에 전해지는 그 촉촉하면서도 연한 감촉들과
투욱 하고
도라지꽃이 터질 때
꽃 속에서 꾸역꾸역 번져 나오는 연둣빛과
독사처럼 대가리를 들고 일어서는 고사리 중에도
살이 통통하게 오른 먹고사리를 만나
이제 뻿뻿해진 밑동과
아직 연해서 손만 닿아도 부러지는 즈음을
토옥 꺾을 때
꺾인 마디에서
세상을 밀어 올리며 동그랗게 배어 나오는 수액을 만나는 일
송홧가루 앉은 바위에서
앞서간 사람들이 앉았던 흔적을 더듬어보는 일과
바위 속까지 비치게 환한 꽃을 피운

산벚나무 꽃이파리가 햇빛에 반짝이며 떨어지는 걸 보는 일
더러는 해쑥 돋는 봉분 위에도 봄눈처럼 얹혀서
갓 태어나는 어린 신령이거나
산꼭대기라 바람이 세어서
키 작은 꽃들이
쇠못처럼 박힌 채 꽃을 피우고
씨앗을 맺고 흔들리는 것을 보는 일

바랭이와 쇠비름은

장마철엔
어떻게 할 수가 없다
하나를 뽑아내면 두셋이 돋아나고
뽑은 자리 돌아보면 어느새 무성하니 진초록 풀밭이다
뽑아봐 뽑아서 도막도막 끊어봐 하며
독사 같은 대가리를 쳐들고 일어나
이파리를 펴 들고 꽃을 피운다

뽑아놓은 것들도 땅에 몸만 붙이고 있으면
장맛비 속에서 죄다 마디마디 뿌리를 내며 대가리를 치켜
든다
오죽하면 철조망에 척척 걸쳐놓은 쇠비름도
허공에 뿌리를 내며 꽃을 피우지 않는가

바랭이를 뽑아 마당 한쪽에 쌓아두었는데
밑의 것이 썩으며 곤죽이 된 뒤에
위의 것들이 그 위에 뿌릴 내리고 기어다니고 있는 게 아
닌가

어머니는 이놈의 풀 웬수를 언제나 갚냐고 하셨는데
나도 그 원수를 못 갚을 거 같고
어머니 산소에도 바랭이가 퍼렇게 돋아 흔들리던 생각에
내가 죽었을 때도
저렇게 풀이 무성히 돋을 생각을 하면 끔찍스러워서
아득바득 풀을 쥐어뜯어보는 것이다

소쩍새의 위장술

여기에 무언가가 있는데 도대체 무엇인지 알아볼 수가 없다 회색빛 깃털과 갈색 줄무늬가 결합된 보호색을 띠고 무언가는 눈까지 지그시 감고 있다 나조차 그냥 지나쳐버리면 아무것도 아닌 것이 되고 있었는지도 모를 것이 되고 마는데 나는 야행성이라는 말을 생각하기도 하고 심천에서 살 때 봄밤이면 항아리 속에서 울려 나오는 듯한 새의 울음소리를 기억해냈던 것인데 나는 멍하게 그 사진을 들여다보면서 한때 유행하던 매직아이처럼 멍하게 초점을 흐리고 바라보다가 이내 떠오르는 맹금류의 새 한마리를 돋을새김하듯 불러내는 것이었으니, 오래되어 잊어버린 슬픔 같은 울음소리가 양각되어 떠오르는 것이었으니

두릅 순은 몇번 꺾나

두번만 꺾는 거다
더 꺾으면 힘이 다해 나무가 죽고 만다
한번 순 내기도 어려운 일인데
나오는 대로 뚝뚝 꺾어버리면
나무도 버티질 못한다

아무리 말이 없는 나무라지만
속에선 이렇게 피가 도는 법이다

사람도 좋다고 자꾸 잎사귀 내미는 대로
꺾어버리면 끝내 못 견디고 네게서 죽는 거란다
목마른 뿌리에 물도 주고 거름도 얹어라
그래 그 그늘 무성해졌을 때
그 아래서 쉬었다 가는 거란다

결대로

도끼로 장작을 빠갤 때
힘만 믿고 있는 힘껏 내리찍으면
죽은 나무도 벌떡 일어나서
정강이를 걷어차거나 눈두덩을 때린다

고기도 마찬가지다
제 솜씨 없는 건 생각 안 하고
칼날이 무디네 고기가 질기네 푸념만 하면
죽은 짐승도 살아나 손을 물어뜯어 피를 보게 한다

솜씨 좋은 나무꾼과 숙수는
결을 살펴 결대로 칼을 대고 도끼날을 박는다
힘을 빼고 내리쳐도 장작은 두갈래로 빠개지고
고기는 뼈와 살로 나눠진다

하물며 거슬러 오르는 마음도 마찬가지
자꾸 솟구치는 마음을 억지로 누르면
화산처럼 터지거나 잿더미가 되니
결대로 두어 저절로 흐르게 하라

그 위에 살포시 나뭇잎 한장이나
꽃잎으로 얹히거라

스무고개

나는 아직 꽃이 터지기 전 녹둣빛 도라지 꽃망울 속에 있고요
그림 속에 있는 문 안쪽에 숨어 있기도 했습니다
붉은 물 돌기 전의 앵두나무 이파리 속에도 있고요
감자의 움푹한 씨눈 속에도 숨어 있었습니다

나는 목련의 겨울눈에서 잠을 잤고요
개구리 메뚜기 토끼의 뒷다리에 숨어 있었고요
방금 그 아주머니가 다급하게 뚜껑을 닫은 상자 속에 들었고요
놀란 눈을 한 그 아이가 급히 삼켜버린 것이고요
아까 그 주정뱅이 아저씨가 울며 감춘 술병 속에도 있었습니다

나는 방금 떠난 기차의 기적 소리이고요
어젯밤 지나간 소나기를 따라가기도 했고요
과일 장수 아주머니의 전대 속에 돈과 함께 있었고요
포장마차 진열장 고등어 뱃속에 숨어 있기도 하고
카운트다운이 시작되기 전

버튼 위 떨리는 손가락에도 있었습니다

모든 곳에 있기도 하고
어느 곳에도 없기도 하고
아무 데나 있기도 하지요
내가 누구인지 아시겠어요?

밤눈 내리니

1

너는 마루 밑 노낙 각시한테 장가가고
나는 대문 밖 개미 신랑한테 시집가서
채송화 같은 딸 낳고
풍뎅이 같은 아들 낳고
돼지 치고 소 키우며 살다가
오늘 같은 눈 오는 밤에
이불 속에 발 묻고 앉아서
꼭 오늘 밤 얘기 하자
어떻게 살았는지 얘기하자
너는 마루 밑 노낙 각시한테 장가가고
나는 대문 밖 개미 신랑한테 시집가고

2

저물게
한두점 눈발 치는 저녁에
시래기 말리는 헛간 짚검불 위에
젖 물린 백구처럼
강아지들 틈에 끼여 젖을 문

어미 잃은 괭이 새끼처럼

작약

아무 것이야,
어디 있느냐

아무 것이야,
여직 자느냐

아무 것이야,
이제 일어나라

무서운 기다림

성은 청주에 있는 학교에 가서 방학에나 오구
누나는 구미공단에 일하러 가서 명절 때나 오구
나는 핵교 댕겨오믄 소 풀어 물 멕이구
쇠풀 뜯기구 깔 한짐 벼놓구 있으라구 해놓구
엄마 아부지는
모새방에 소 매놓구 밭에 가구
땡볕에 쇠풀 뜯기기 싫어서
친구들과 강에서 멱 감다가
엄마한테 혼날 성싶어
해거름에 모새방 가면
차돌멩이 돌아오는 나를 보고
코뚜레 꿴 코가 찢어지도록
내 쪽으로 고삐 바싹 당기면서 바투던
여름 땡볕에 목이 말라
말뚝에서 풀자마자 급하게 물 먹으러 도랑으로 달려가던
물 먹는 소의 눈에 비치던

먼 훗날

뭐 그럴 수도 있지
그럴 수도 있어

무당거미가 거미줄을 치느라 분주하다

그럴 수도 있어
하지만

나방이가 탁탁 전등갓에 부딪친다

그을음 앉은 전깃줄
파리똥 까맣게 묻은 애자
전봇대가 걸어 나간 행길 너머
불그죽죽 내리는 노을

그러면 안 되는 거였어
그때 그러면 안 되는 거였어
그러지 말았어야 했어

나방이를 무당거미가 재빨리 옭아맨다

| 해설 |

영원한 미지칭의 상태

김준현

마루 밑을 들여다보면
마루 틈으로 스며든 햇볕에
푸른 물 든 감자 밀어내며 들여다보면
귀퉁이 깨진 호롱아
내가 흘린 유리구슬들아
찢어진 털신아
귀뚜라미와 노래기와 지네 들아
밤송이로 막아놓은 쥐구멍 속의 쥐들아
숯검댕 묻은 몽당빗자루야
잘들 있었는가
여기서 잘들 살고 있었는가
—「마루 밑에 살던 것들에게」 부분

우리는 시간을 흐름으로 감각한다. 어떤 흐름이든 방향이 있다. 우리가 흐름에 저항하든 순응하든 그 흐름의 방향을 바꿀 수는 없다. 흐름의 방향을 미리 예측하고 그 첨단에 서서 나아가려는 태도를 우리는 '전위'라고 부른다. 전위는 낯선 것들을 익숙한 것으로서 수렴하려는 몸짓이기에 외면받을 때가 많다. 그럼에도 전위는 낯선 것들에 대한 본능적인 두려움을 애써 누르고 미지로 나아간다는 점에서 절박하고 아름답다. 물론 전위에 대한 옹호가 과거의 유물을 지난 시대의 것으로만 치부하는 배타적인 태도로 드러날 때도 있다. 그러나 최근에는 영상 플랫폼이나 OTT를 통해 이전 시대의 영화와 영상이 현시대와 동일한 층위에서 소비되고 '재발견' '재발굴' 같은 표현들이 등장하면서 그래프턴 태너가 제시한 '영원주의'(foreverism)가 등장하기에 이르렀다. 미디어를 통해 과거를 현재와 동일한 위상으로 구현하여 병렬구조를 만드는 현실이 도래한 것이다. 다만 여기에는 어떤 한계가 있다. 미디어로 복원 가능한 범위까지의 세계만이 현재와 동일한 위상으로 소비된다는 것, 그렇게 구현된 삶의 많은 부분이 실재하는 삶이라기보다는 영상이라는 프레임을 거쳐 만들어졌다는 점에서 피상의 층위에 머무른다는 사실이다.

그간 송진권 시인의 시를 읽어오면서 매양 느낀 것은 질박한 말의 층위에 내재된 낯설고 스산하며 기이한 감각이었다. 송진권의 시는 누가 봐도 전위가 아닌 것들로부터 전위의 감각을 길어낸다. 그 과정에서 역행을 무릅쓴다. 송진권 시집에서는 우리가 흔히 과거의 산물이라 믿어온 것들이 육체성을 드러내며 움직인다. 우리가 은연 중에 고정된 상(像)으로 인지했던 과거의 시간을 시인은 운동하는 언어로 갱신하고 전복하는 작업을 해왔다. 강의 상류로 거슬러 올라가 보는 일처럼. 거기서부터 흐름은 다시 시작된다. 흐름의 일부로서가 아니라 흐름이 끝나버렸다고 믿은 곳에서. 그간 고정되어 있다고 믿었던 상들이 단편적인 조망의 결과로서 과거를 납작하게 만들어왔다는 것을 살뜰히 보여주었다. 시인의 전작을 읽어온 이들이라면 지난 시대의 산물 중 믿을 만한 텍스트들, 이를테면 백석과 정지용의 구어와 리듬, 「여우난골족」이 연상될 정도로 개개의 인물마다 편편이 드러낸 생활상이 송진권 시가 이전 시대의 흐름 안으로 거슬러 올라가는 데 주요한 물적 토대가 되어왔음을 유추할 수 있겠다. 그리고 그것이 역설적으로 흐름 이전을 명료하게 기억할 수 없는 '지금-여기-우리'의 좌표를 명시한다. 우리가 흘러간 시간을 온전히 모른다는 사실을 인정하는 것, "그 뒷이야긴 나도 잘 몰라/어떻게 됐는지 잘 모르겠"(「해바라기씨 이야기」)다는 마음. 그것이 진실이다. 그 점에서 전작 시집 『원근법 배우는 시간』(창비 2022)의 표제작은 의미심장하다. "언젠가 내가 피로 뭉쳐지던 때/형체도 갖지 못했던 붉은 덩어리일 때의 기억이 아직/지워지지 않은"(「원근법 배우는 시간」) 주체의 무의식이 어떻게 시로 현현하는가. 이는 지금이 세계와 대면하며 떠오르는 생각의 근원이 무엇인지 모른다는 사실을 기반으로 한다. '원근법'은 3차원의 세계를 2차원의 평면으로 옮길 때, 일정한 시점에서 본 물체를 눈으로 보는 것과 같이 멀고 가까움을 느낄 수 있도록 표현하는 회화 기법이다. 3차원의 세계가 2차원이 될 때 이들은 온전히 옮겨질 수 있는가. 소실되는 것은 없을까. 현실을 다른 차원에서 재현하는 일이란 늘 간극에 대한 감각을 선연하게 한다. 시인은 이번 시집에서 시간의 적층으로 인해 납작하게 눌려 있는 말이 아니라 생생한 현장의 말과 현장의 감정을 되살려낸다. 앎이 아니라 무지를 근거로 우리가 이전 시대라고 여겨왔던 시간의 두께를 다시 잰다. 원근법을 통해 특정 시점에서 조망한 세계를 결과로서 보여주지 않는다. 시가 곧 원근법을 '배우는' 과정이라는 사실이 송진권 시 언어의 운동성을 현재형으로 감각하게 한다. "찢어진 털신" "귀뚜라미와 노래기와 지네 들" "숯검댕 묻은 몽당빗자루"와 같이 '구석' 깊숙한 곳에 밀려나 있는 과거의 사소한 얼굴을 대면한다. 물활론적 세계관을 통해 그것들을 살려내어 목소리를 듣고, 그것들이 얼마나 개인의 목소리로 구성된 세계인지를 보여준다.

> 밤새 무엇 무엇들이 웅크려 있던 법당 앞마당엔 바야흐로 어떤 기미가 있으매 뭐라 이름 붙이기도 뭣한 것들이 도사리고 앉았다가 여기저기로 뿔뿔이 몸 바꿔 달아나기

시작했다 소정리 저수지로 가풍리 저수지로 가라앉으며 숨은 것들이 더 멀리 장찬리 저수지며 개심리 저수지까지도 달아나고 더러는 호탄(虎灘)까지 날아가 물살에 숨죽이고 숨었다 장날 두부모 긋는 장사치처럼 생긴 미륵불은 이제 사람으로 내려와 요강을 뽀드득 소리가 나게 부셔서 사목재에 엎어놓은 채 바위로 돌아가고 사미승이 법당에 불을 켜고 향을 올리고 채 깨지 않은 꿈자리 같은 별빛들을 싹싹 산 아래로 쓸어버리자 물마다 웅크렸던 무엇들이 안개로 몸을 바꾸어 산을 넘어 굼실굼실 똬리를 풀며 넘어오기 시작했으매 동쪽 땅에서 밤새 닦고 조이고 기름친 번질번질한 불덩어리가 꿈틀꿈틀 솟구쳐 오르니 납작 앞에 엎드려 부복하던 탑이 무너질락 말락 하는 것이었는데 미륵불이 가늘게 눈을 뜨며 뭔 놈의 불꽃이 이렇게 잉걸 같냐고 씨월거리자 탑은 다시 천년의 탑으로 부처는 다시 부처로 좌정하는 것이었으니 선잠 깨어 나온 나도 그만 어디 어디로 돌아가고만 싶더니라

—「용암사 해돋이」 전문

어떤 리듬은 질문을 동력으로 삼는다. 확정된 명사의 영역을 벗어나 불확실한 것들을 포착하고자 하는 태도는 미지칭으로 귀결된다. 이 시에서 "무엇 무엇들" "어떤 기미" "뭐라 이름 붙이기도 뭣한 것들" "숨은 것들" "물마다 웅크렸던 무엇들"은 지상에서 무어라고 명명된 적이 없는 것들이다.

"동쪽 땅에서 밤새 닦고 조이고 기름 친 번질번질한 불덩어리"가 솟아오르기 전의 시간이다. 오롯이 어둠 속에서만 흐트러지는 시공간의 경계 안에서 살아 움직이는 것들의 기미를 포착한다. 음(陰)의 세계에 사는 그들에게 이름은 죽음이고, 섣부른 비유는 누명이다. '미륵불'이라는 거룩한 이름 안에서 명사화되어 있던 이는 음(陰)의 영역을 통해 "이제 사람으로 내려"올 수 있다. 이는 신성성이 지닌 위상의 전락이 아니라 질박한 삶 안에서 신성이 목소리를 찾는 과정이다. 원(遠)의 자리에 있던 이가 근(近)의 자리로 오는 것은 그 무엇도 단정할 수 없는 세계에서 유연한 언어를 매개로 가능해진다. 시인은 구현 가능한 세계 밖에 위치한 것들을 애써 의미망 내부로 끌어오지 않는다. 알레고리로 연결하지도 않는다. 그들의 존재를 인정하며 그들이 누가 봐도 모호하고 흐릿하다는 사실을 먼저 보여준다. 미지칭의 수사로 그들을 보존한다. 여담이지만 시인의 두번째 동시집 제목이 '어떤 것'이라는 사실 또한 자꾸만 확정지으려는 말의 속성을 거부하고 유년/영혼의 보존을 표상하는 것 같다. 그렇다면 시인은 왜 이 작업에 골몰하는가. "선잠 깨어 나온 나도 그만 어디 어디로 돌아가고만 싶더니라"가 힌트가 될 수 있겠다. 이 구문은 낱낱이 밝혀진 현실이 아니라 모호하고 흐릿한 어둠을 통해 과거·현재·미래의 경계 없는 시원(始元)을 희구하는 주체의 욕망이다. "죽은 이들까지 다 다시 돌아와/성제가 많으니 동기간끼리만 모를 내도/되겠다는 소리"

(「물 먹는 논」)를 듣고 싶어서, "옛날 옛적 나 어릴 적 우리 살던 마을에 좀 모자라지만 맺힌 데 없고 데퉁맞은 그이"(「노이히 삼촌을 생각함 3」)를 마주하고 싶어서.

피한다고 피하고
도망친다고 도망칠 수 있겄냐
눈을 벌겋게 뜨고 찾아댕길걸
되나가나 나부대지 말고
진득하니 쭝그리고 있으면
다 알아서 하실걸

내림이라 내림
내 운명을 진즉 안다는 듯
주워섬기는 여자의 말들이
산을 따라 아래로
아래로 쩌르렁 따라 내려왔다
고생고생 많이 했구나
말 안 해두 내 다 안다
다 알구말구
타고난 팔자를 어기니
사람이 어찌 팔자 도망을 하겄냐
오죽했겄냐

그려, 울어라 울어
너나 나나 다른 사람 살아주는 건 매일반이여
울어라 울어
속 시원히나 울어
같은 물이래두
눈물두 되구
깊으나 깊은 골짝 폭포두 되구
소나기두 되구
보슬비두 되구
홍수가 되구
수수만리 흐르는 크나큰 물두 되나니
울어라 더 울어

—「나의 어린 신」 부분

구술의 힘을 빌려 유구하게 이어지는 「나의 어린 신」은 마치 근원설화와 같은 이미지를 펼쳐낸다. 우리가 흔히 신(神)이라 부르는 이들은 어떻게 우리의 삶과 죽음 사이에서 현존하며 현현하는가. 송진권의 시에서는 죽음 이후에도 죽음을 받아들일 수 없어 남아 있는 이들이 신이 되는 듯하다. 그런 이들이 도처에 있다. 그들이 비단 사람이기만 한 것도 아니다. "감지 못하고 흘긴 눈으로 그 짐승은/보리라 보리라/저를 죽인 게 누구인지" 보려고 드는 마음이다. 그들의 '노래'는 평이한 말의 정조로부터 이탈한다. "미친 듯 눈에 불을 켜고 씩씩거리며/비틀비틀 달려 내려와서 아무한 테나 찍자 붙다/그만 주저앉아 울음을 터뜨리는 바람"이 노래다. 휘발되는 것이 아니라 원과 혼이 사무쳐 음률을 비틀어내는 파토스다. 시집의 다른 시에서도 그러했듯이 이 시에서도 나는 끝도 없는 이 흐름 속에 매몰되다가 "너나 나나 다른 사람 살아주는 건 매일반이여"라는 구문이 지닌 메타적 자의식 앞에서 잠시 정신을 차리고 멈춰 섰다. '물'이 이 세상에서 온전한 '물'로서의 상태를 유지하기란 쉽지 않다. "논물" "골짝 폭포" "소나기" "보슬비" "홍수" "수수만리 흐르는 크나큰 물"과 같이 색채도 형태도 다 다른 현실로 얼마든지 전이될 수 있다. 그러나 이것은 오염이나 훼손의 차원이 아니다. '물'이 이 세계의 일부로서 존재한다는 엄정한 사실에 연유한 것이다. 시의 도입부에 등장하는 '두엔데'(duende)라는 용어가 사전적 정의대로 '플라멩코에서, 강렬한 춤을 통해 순간적으로 체험하게 되는 무아지경의 상태' 다시 말해 '어떤 황홀한 순간에 맛보는 특별한 절정의 정서적 상태'라면 '물' 역시 신적 세계에 접속하기 위한 신체/매개를 표상하는 게 아닐까. '너'와 '나'의 구분이 없는 세계. "다른 사람 살아주는" 세계. 사실 '물'은 자체적으로 힘을 낼 수 없다는 점에서 수동적 상태의 극치라고 할 만하다. 즉, "다른 사람 살아주"면서 그 신체를 통해 '절정의 정서적 상태'를 구현한다. 그런 '물'이 최대치의 힘을 얻는 순간이 바로 하강이다. "내림이라 내림" "산을 따라 아래로/

아래로" 간다. 노자는 『도덕경』에서 '상선약수(上善若水)'를 통해 모두가 꺼리는 낮은 곳에 머무는 삶의 자연스러움을 말한다. 그 낮은 곳을 향해 운동하는 힘이 신체를 통해 발현되기를 소망하는 의지가 곧 "울어라 울어"의 명령형이 아닐까. 면벽참선하는 수행자와 같이 그저 청명하고 고요하게 자기를 지키며 세계를 마주하는 게 아니라, 절정의 리듬에 이르기까지 "이 짓도 이제 이골이 나"도록 삶의 누추와 환희를 한 몸으로 누빈 끝에서야 가장 낮은 곳에 임한 이다. 그는 증발·상승·응결을 통해 구름이 되고 흐름이 된다. 그러나 이는 허허로움에 이른 시의 끝이 아니라 순환을 통한 삶으로의 회귀를 예고한다.

시간은 홀로 흐르지 않는다. 시간은 사람과 함께 흐른다. 시간은 산 사람뿐만 아니라 죽은 사람과도 함께 흐른다. 이 세계에 잔재하는 기억의 힘을 빌려 흐른다. 우리가 알고 있던 시간은 그 과정에서 다른 성질을 갖는다. 「나의 어린 신」에서 나는 송진권 시의 요체를 구성하는 화자들이 어떻게 탄생하는지 그 실마리를 조금이나마 엿본 것 같다는 인상을 받았다. 다만 엿보았을 뿐, 어떻게 이토록 많은 낮은음의 개인사를 엮어 말할 수 있었는지 경이롭다는 생각을 했다.

> 낭구해 오라고 하면 워디서 죄 옻나무만 해 와서 불 때고 나면 밤새 온몸이 가려워서 잠을 못 자 피가 나게 긁어 가며 인자부터 산에 가믄 당최 옻나무일랑 벼 오지 마시

오 해도 드문드문 옻나무가 섞여서 또 옻이 올라 얼굴이 구 어디구 죄 진물이 나서 못 살아 밤새 그렇게 잠 못 자구 긁어대면 이튿날 워딜 간다구 가서 개고기를 구해 와 뚝뚝 피가 듣는 고깃덩어리를 옻오른 디다 바르고 괴기를 삶아서 국물을 마시고 나믄 원제 그랬냐는 듯 씻은 드끼 낫거든 개하고 옻하고는 상극이라 상극 그래 그거 해 먹고 나았어 시방이야 하두 올라서 옻탐을 안 햐 하기야 그래 옻나무를 땠으니 그때 평생 오를 게 다 올랐는디 뭐

—「부부」 전문

지극히 개인사적인 에피소드처럼 보이는 「부부」의 내부로 깊숙이 들어가보면 동식물의 경계 없이, 생사의 경계 없이 얽히고설킨 관계성이 들여다보인다. 땔감으로 해 온 옻나무에서 얻은 옻병을 "개고기를 구해 와 뚝뚝 피가 듣는 고깃덩이"로 해소하는 이 짧은 대화는 부부처럼 대화의 주체가 각각 누구인지 구분되지 않는 형태로 얼크러져 있다. "피가 나게 긁"은 피부와 "피가 듣는 고깃덩어리"가 역전되는 지점에 이르면 고통의 대리 수행자로서 '개'의 죽음을 상기할 수밖에 없다. 즉, 구분 없는 이들의 대화처럼 구분 없는 '온몸'의 주체를, 시인은 마침표도 쉼표도 없이 유려하게 이어지는 호흡으로 표면화한다. 흔히 '방언 터졌다'라고 할 때의 그 방언이다. 사투리 개념의 방언이면서 신자(信者)의 방언이다. 어쩌면 여기서 '부부'는 결혼한 두 사람을 통칭하는

단어가 아니라 삶과 죽음을 함께 하는 뭇 생명들 간의 관계성을 이르는 말은 아닐까 생각했다.

해바라기씨를 심을 때
담 모퉁이 참새 눈 숨기고
누나와 바둑이와 고양이가
손과 앞발과 꼬리로 다진 거까지는
모두 다 아는 이야기야

해바라기 잎에 이슬이 내릴 때
햇빛이 다녀가고
청개구리가 울고 간 거까지도
우리가 다 아는 이야기야

사흘이 지나도
꽃 피지 않고
고개 숙이고 있던 거까지가
우리가 알고 있는 이야기야

책엔 거기까지밖에 안 나왔고
나는 갑자기 어른이 되고
해바라기도 자라서 키를 훌쩍 넘어버렸거든

그 뒷이야긴 나도 잘 몰라

어떻게 됐는지 잘 모르겠어

—「해바라기씨 이야기」 전문

최근 송진권 시인의 시로 만든 독립영화 「쫑마리」(감독 송경식, 2026)가 나왔다. 영화가 시작할 때 화면 한켠에 "송진권 동시 「아카시아 빨래터」 외 27편을 이야기로 꾸밈"이라는 자막이 올라온다. 시의 구절과 영화의 대사가 천의무봉이라 할 정도로 자연스럽게 연결된다. 이를테면 쫑마리 어머니의 대사인 "보리 빈다고 해놓구 왜 저기는 깎다 만 머리겉이 놔둔겨" "올뱅이는 한 소쿠리나 잡아다 담가놓고 또 워디로 끄질러 나간겨 올뱅이가 죄 세를 댓자나 빼물고 샘 바닥까지 기어 나왔구믄" 하는 대목은 이 부분이 낭독인지 연기인지 실생활의 대사인지 알 수 없을 정도로 자연스럽다. 영화 속 스물여덟살 청년 '쫑마리'는 어릴 때 폭포에 빠져 나이에 비해 말이 좀 어눌하지만 자신을 둘러싼 세계를 시로 환원하고 그림으로 드러내어 목소리를 입히는 특별한 힘이 있다. 아이들과 또래처럼 어울리며 고무줄 놀이를 하고 구운 감자를 나눠주고 새 그리는 법을 알려준다. 아이들과 함께 시간을 보내는 청년 '쫑마리'를 보다가 문득 「해바라기씨 이야기」가 떠올랐다. 절절하게 흐르는 다른 시들에 비해 담백하고 소박한 미덕을 갖고 있으면서도 바슐라르가 여러 번 강조했던 '유년은 곧 영혼의 상태'라는 사실을 직관적으로 보여준다. "해바라기씨를 심을 때/담 모퉁이 참새 눈 숨기고/누나와 바둑이와 고양이가/손과 앞발과 꼬리로 다진" 기억은 시간의 흐름을 미시적인 풍경을 통해 감각할 수 있었던 시절이어서 가능했다. "우리가 다 아는 이야기"는 마치 '책'처럼 보고 싶은 대로, 보고 싶은 만큼 볼 수 있는 세계로서 외부 세계의 폭력과 억압으로부터 안전한 내면의 풍경이기도 하다. 그렇다고 이 풍경이 따스하기만 한 것은 아니다. "사흘이 지나도/꽃 피지 않고/고개 숙이고 있던" 것처럼 쓸쓸하고 비극적인 정조 역시 이 영혼의 상태를 통해 전유한 시간이다. 문제는 4, 5연이다. 단절된 '책'의 뒷부분과 함께 "나는 갑자기 어른이 되고" 성장이 멈춘 것 같았던 "해바라기도 자라서 키를 훌쩍 넘어버렸"다. 차근차근 미더운 보폭으로 보여주었던 풍경을 소실해버리고 망연자실한 화자는 "잘 몰라" "잘 모르겠어"라는 말을 반복할 뿐이다. 이때부터 시간의 흐름은 책 속의 시간, 곧 우리의 시간이 아니라 시계의 시간이다. 어른의 시간이다. 시인은 "주식이니 부동산 투자니" "혁신이니 개혁이니 발전이니"(「믿을 만한 구석」) 하는 것들로 점철된 어른의 시간을 거부한다. "돈도 없고 뒷배도 없고/서발 막대 휘저어봐야 걸리는 것 하나 없는/나 같은 사람"에 대해 말하는 진술의 수사에서 채만식의 소설 「치숙」이 연상되기도 한다(정확히는 소설 속 어린아이 서술자가 자본주의 사회 현실에 무능하게 살고 있는 사회주의자인 삼촌을 비꼬면서 "서발 막대 내저어야 짚검불 하나 걸리는 것 없는 철빈"이라고 하는 대목이다). 현시대의 논리와 요구에 당위적으로 종속될 수밖에 없는 세계는 인위의 영역이며 욕망을 가시화하는 것을 미덕으로 삼는 구조적 폐해의 일면일 뿐이다. 시를 통해서만 유효했던 재현 윤리의 테두리가 붕괴해버리는 순간, 즉 어른의 시간이 도래할 때 영혼의 상태는 옅어진다. 그 순간 우리는 현재의 시공간에만 종속된 채 살아가야 하기 때문이다. 반면 어디에나 흔하게 존재하는 '흙'과 마찬가지로 '책'의 영속성은 내내 그 자리에 머무르며, 흐르는 시간을 증언한다. "우리가 다 아는 이야기"라 믿었던 보편이 얼마나 많은 얼굴을 갖고 있는지 보여준다.

1
아궁이의 불도 순하게 잠들었단다
우리가 먹이던 소는 벌써 끌려가고
화단에 피었던 꽃들이 검게 말라가는구나
이렇게 손을 어긋나게 하고 손가락을 걸어라

2
격자문 이쪽에서 저쪽으로 박쥐가 날아오르고
토끼는 뛰어다니고 개는 컹컹 짖어대네요
심지에 착하게 앉은 불은
꾸벅이며 졸고
엄마, 기름이 떨어지려나봐요

그것들이 벌써 문 앞까지 왔나봐요
불이 꺼지면 문을 열어젖히고 들이닥칠 텐데

3

이렇게 손을 펴면 박쥐가 되고 새가 되고
요렇게 깍지를 끼면 토끼가 된단다
심지의 불이 사그라들고 있어요
엄마 엄마, 들리세요?
사납게 문을 흔들어대는 소리
길게 짧게 번갈아 우리를 부르고 있어요
엄마 엄마, 흰 새를 타고 날아가세요

4

총소리 높은 곳에서
누군가 노래하고 있어요
이젠 문자 속에 갇혀버린 설운 엄마
쿰바야 my Lord 쿰바야
포연이 자욱한 곳에서
누군가 울며 우리가 부르던 노래를 부르고 있어요
엄마를 슬프게 하려던 건 아니었어요
미안해요, 미안해요, 엄마
그림자놀이 하던 날들은 끝났어요

—「그림자놀이 하던 날은 가고」 전문

‘그림자놀이’는 빛을 통해서 내가 의도한 대로 형상을 드러낼 수 있다는 점에서 빛이 어둠과 관계를 맺는 방식을 보여준다. 시의 주체는 손의 모양을 바꿔가며 빛과 어둠의 관계에 가장 주요한 매개로서 ‘박쥐’ ‘새’ ‘토끼’를 만든다. 시인의 동시 「새 그리는 법」처럼 재현에 대한 집착 없는 행위야말로 ‘놀이’가 된다. 미결정적 상태를 지속함으로써 하나의 육체에 머무르지 않는 ‘변신’을 지속할 수 있다. 그러나 “그것들이 벌써 문 앞까지” 온 상황에서 이 놀이는 지속 가능하지 않은 것 같다. 앞서 상기한 어른의 시간 안에 포함되는 것이라면 무엇이든 가능한 저 외부 “총소리 높은 곳” 앞에서 우리의 영혼은 노래를 빼앗긴다. ‘쿰바야’(kumbaya)가 기도의 말로서 ‘서로를 부르며 함께 있으려는 마음’이라면 “사납게 문을 흔들어대는 소리/길게 짧게 번갈아 우리를 부르고 있”는 저들은 ‘노래’의 권리를 빼앗아가는 이들이다. “문자 속에 갇혀버린 엄마”라는 말이 의미심장한 것은 ‘노래’가 자연계 내에서 발생하는 리듬으로 생득적인 것이라면 ‘문자’는 인위의 산물이라는 점이다. 노래가 아닌 문자의 세계 안에서 흐름의 힘을 잃은 것이다. 현시성이 높아진 만큼 ‘엄마’라는 말이 보편으로 전락하는 순간을 견디지 못한 화자의 “미안해요, 미안해요”는 단순히 반복되는 말이기 이전에 대상과 그림자의 관계를 드러내 보이는 언술이다. 어느 쪽이 먼저이고 나중인지 분간할 수 없는 세계의 양태를 보여준다.

송진권 시인은 지난 시대의 텍스트가 아니라 불변하는 자연체에 내재된 옛말을 소환하고 복원한다. 그 옛말이 혈연처럼 한 시절을 잠재성의 영역으로부터 꺼내 온다. 이 잠재성의 영역은 그러나 보편의 차원에 있는 갑남을녀 중 한 사람의 세계를 편의적으로 소환하는 작업이라고 할 수 없다. 시인은 한 시절을 온전히 육체로 통과한 사람이어서 말의 마디마디 심(心)이 밸 수밖에 없는 사람의 목소리를 모색한다. 그리고 그 목소리가 된다. 시인은 많은 화자들로 이루어진 연대를 타고 계속해서 '내림'을 경험할 것이다. 하강에 전신을 투사하는 시들이 지닌 생래적 지향(志向)으로서. 송진권의 시는 현시대에 보기 드문 대서사시의 귀환을 예감하게 한다.

金俊賢 | 시인·문학평론가

| 시인의 말 |

물이 시작되는 곳에 왔다
여기 사람들이 물뿌렝이라고 부르는 곳
나는 물을 휘저어 흙탕물을 만들 수도
물의 흐름을 다른 곳으로 돌릴 수도 있다

물을 휘저어본다
일그러진 얼굴에 뿔이 돋고 송곳니가 드러난다

이윽고
물이 잠잠해지고
여기 살았을 적 내 얼굴이 떠오른다
한없이 몸이 물러지더니
물이 나를 품는다
나는 사방팔방으로 즐겁게 흘러간다

상사화 새순이 나온 걸 처음 발견한 입춘(立春)에
솔미집에서

2026년 2월
송진권

창비시선 532
그림자놀이 하던 날은 가고

초판 1쇄 발행/2026년 2월 25일

지은이/송진권
펴낸이/염종선
책임편집/오윤 박문수
조판/신혜원
펴낸곳/(주)창비
등록/1986년 8월 5일 제85호
주소/10881 경기도 파주시 회동길 184
전화/031-955-3333
팩시밀리/영업 031-955-3399 편집 031-955-3400
홈페이지/www.changbi.com
전자우편/lit@changbi.com

ISBN 978-89-364-2532-6 03810